Hauke Kühl / Claudia Gerstenberg

Rezepte aus aller Welt – kinderleicht zubereitet

Unterrichtsmaterialien in drei Differenzierungsstufen
für Bild- und Textleser

Persen Verlag GmbH

Anmerkung: *Auf der DVD-ROM befinden sich Word- und pdf-Datein. Für die Nutzung der DVD-ROM benötigt man ein DVD-Laufwerk, ein Textverarbeitungsprogramm ab Word 2000 und den Adobe Acrobat Reader, den man im Internet kostenlos herunterladen kann.*

Gedruckt auf umweltbewusst gefertigtem, chlorfrei gebleichtem
und alterungsbeständigem Papier.

1. Auflage 2007
Nach den seit 2006 amtlich gültigen Regelungen der Rechtschreibung
© by Persen Verlag GmbH, Buxtehude
Alle Rechte vorbehalten

Das Werk und seine Teile sind urheberrechtlich geschützt. Jede Nutzung in anderen als den gesetzlich zugelassenen Fällen bedarf der vorherigen schriftlichen Einwilligung des Verlages. Hinweis zu § 52 a UrhG: Weder das Werk noch seine Teile dürfen ohne eine solche Einwilligung eingescannt und in ein Netzwerk eingestellt werden. Dies gilt auch für Intranets von Schulen und sonstigen Bildungseinrichtungen.

Fotos: Hauke Kühl und Claudia Gerstenberg
Satz: MouseDesign Medien AG, Zeven

ISBN 978-3-8344-**3525**-5

www.persen.de

Inhalt

1. Einführung 4
2. Das Arbeitsmaterial: Rezepte auf drei Präsentationsniveaus 5
3. Die Arbeitsbereiche: Lernziele und Fördermöglichkeiten 14
4. Methodische Umsetzung 17
5. Individualisierung 22
6. Anleitung zur beiliegenden DVD-ROM 24

13 Rezepte aus aller Welt 25

Anmerkung: Im Buch abgedruckt sind die Arbeitsblätter für die Differenzierungsstufe 2 (Bildtextleser). Alle Arbeitsblätter für die Differenzierungsstufe 1 (Bildleser), -stufe 2 (Bildtextleser) und -stufe 3 (Textleser) befinden sich zum Ausdruck und zur individuellen Bearbeitung auf der beiliegenden DVD-ROM.

Übersicht 26
- **Angola:** Maisbrei 27
- **China:** Gemüsepfanne 31
- **Dänemark:** Hot Dog 37
- **Frankreich:** Aligot 43
- **Griechenland:** Gyros 51
- **Großbritannien:** English Breakfast 57
- **Indien:** Currypfanne 63
- **Italien:** Pizza 73
- **Mexiko:** Chili con Carne 79
- **Polen:** Böhmische Kartoffelpuffer 85
- **Russland:** Boeuf Stroganoff 91
- **Türkei:** Börek 99
- **USA:** Hamburger 107

Literatur 115

1. Einführung

Das Arbeitsmaterial „Rezepte aus aller Welt – kinderleicht zubereitet" entstand aus der Intention, ein motivierendes, handlungsorientiertes Übungsmaterial zu schaffen, mit dem Schüler **praxisorientiert und alltagsnah ihre Lesefertigkeiten festigen** und erweitern können.

Das Thema Kochen mit der natürlichen Notwendigkeit, Rezepte zu lesen, bot sich hierfür an. Um das Übungsmaterial für eine möglichst breite Schülergruppe nutzbar zu machen, entwickelten wir im Sinne des erweiterten Lesebegriffs die drei **Präsentationsniveaus Textleser, Bildtextleser und Bildleser** (s. S. 5 ff.), die unterschiedliche Lesekompetenzen voraussetzen bzw. fördern. Schnell stellten wir fest, dass sich die Rezepte aus aller Welt nicht nur für die Leseförderung eignen, sondern auch in anderen schulischen, vorschulischen und außerschulischen Kontexten eingesetzt werden können.

Die **selbstständige Zubereitung von Speisen** anhand von textlichen oder bildlichen Anleitungen gibt Anlass zum Lesen, zum Erlernen von fachgerechten Arbeitsweisen im Umgang mit Lebensmitteln und Küchengeräten, zum Wiegen oder Messen, zum Planen von Arbeitsschritten oder zeitlichen Verläufen und vielem mehr.

Um weitere Anknüpfungspunkte zum Arbeitsmaterial zu schaffen, entschieden wir uns dafür, internationale Gerichte zu verwenden. So bieten die Rezepte aus aller Welt breit gefächerte **Zielsetzungen für einen themenorientierten, fächerübergreifenden Unterricht** oder für die Arbeit im Rahmen eines Projektes.

Da aus unserer Sicht eine Einteilung in drei Differenzierungsstufen (bzw. Präsentationsniveaus) nicht ausreichend individualisiert, stellt die beiliegende **DVD-ROM** die Rezepte als Word-Dokumentenvorlagen zur Verfügung. So können alle Rezepte individuell bearbeitet und anschließend ausgedruckt werden, um eine genaue **Anpassung an die Kompetenzen einer Lerngruppe** bzw. eines Schülers zu erreichen. Zudem stellt die DVD-ROM Blankovorlagen für alle drei Präsentationsniveaus zur Verfügung, mit denen Sie sehr einfach eigene Rezepte erstellen können. Dies wurde durch die Integration einer eigenen Menüführung in die Word-Anwendung realisiert, die spezifische Befehle zur Verfügung stellt. Eine Anleitung zum Umgang mit den Vorlagen finden Sie auf der DVD-ROM.

Im folgenden **didaktischen Kommentar** werden zunächst die Anforderungen analysiert, die im Umgang mit Rezepten bewältigt werden müssen. Anschließend wird eine kurze Darstellung der vorliegenden Rezepte vorgenommen. Weiterhin werden Anregungen gegeben, in welchen Zusammenhängen und mit welchen Zielsetzungen die Rezepte aus aller Welt eingesetzt werden können. Abschließend werden Möglichkeiten zur methodischen Umsetzung sowie Beispiele zur individuellen Gestaltung der Rezepte gegeben, die sich in der Praxis bereits bewährt haben.

Erwähnen möchten wir an dieser Stelle Holger Schulze, Andres Kuchel, Lars Aden, Johannes Strodt, Wolfgang Matthes und Hauke Schoer, die im Rahmen unserer gemeinsamen Ausbildung an einer ersten Rohfassung der „Rezepte aus aller Welt – kinderleicht zubereitet" mitgearbeitet haben. Gerne erinnern wir uns an ein schönes Wochenende in Schönberg in einer sehr anstrengenden Zeit.

Abschließend wünschen wir Ihnen viel Vergnügen mit den Rezepten aus aller Welt!

Claudia Gerstenberg
Hauke Kühl

2. Das Arbeitsmaterial: Rezepte auf drei Präsentationsniveaus

Anforderungen im Umgang mit Rezepten und deren Auswirkungen auf den Unterricht

Bevor das Arbeitsmaterial dieses Bandes vorgestellt wird, soll zunächst eine allgemeine Analyse der Anforderungen im Umgang mit Rezepten vorgenommen werden, um zu verdeutlichen, welche Vorteile durch die zusätzliche Verwendung von Bild- und Bildtextrezepten im Kochunterricht entstehen.

Im Alltag gehen wir häufig mit Rezepten bzw. schriftlichen oder bildlichen Anleitungen um. Nicht immer lassen sich dabei bildliche Darstellungen oder schriftliche Ausführungen problemlos interpretieren.

Welche Teilprozesse im Umgang mit schriftlichen und bildlichen Anleitungen bzw. Rezepten koordiniert werden müssen, zeigt die folgende Auflistung:

Teilanforderungen im Umgang mit Rezepten
- Informationsentnahme aus Texten oder Bildern (Dekodieren)
- Verbindungen zu bekannten Handlungs- und Wissensstrukturen herstellen
- Planung einzelner Arbeitsschritte
- Zeitplanung
- Ausführung einzelner Arbeitsschritte
- Koordination mehrerer Arbeitsschritte
- sorgfältige Arbeitsweise
- kommunikative und kooperative Prozesse beim Kochen in einer Gruppe (fragen, Absprachen treffen, sich einigen, Regeln aufstellen und einhalten, helfen, sich helfen lassen, an einem gemeinsamen Ziel arbeiten, eigene Bedürfnisse zurückstellen)
- Fachwissen erlernen, erinnern und anwenden (Umgang mit Küchengeräten und Lebensmitteln)

Die Prozesse der Informationsentnahme und Informationsverarbeitung werden hierbei durch das Präsentationsniveau eines Rezepts bedingt (z. B. Kochen nach Textrezept, Kochen nach Bildrezept, Kochen nach Video, direktes Vor- und Nachkochen).

Der Erwerb von fachlichen (Umgang mit Küchengeräten und Lebensmitteln) sowie entwicklungsorientierten (Planung, Koordination und Ausführung von Arbeits- und Kommunikationsprozessen sowie Informationsentnahme und Informationsverarbeitung) Kompetenzen wird u. a. durch die Art und Intensität der Anleitung bzw. Hilfe beeinflusst.

Demnach ist es am leichtesten, Tätigkeiten zu erlernen, die einem direkt präsentiert werden, und bei denen man beim Nachahmen individuelle Hilfe erhält. Schon etwas schwieriger kann es sein, wenn beispielsweise ein Zaubertrick durch eine Bildsequenz dargestellt wird und dieser ohne die Möglichkeit der Nachfrage erlernt werden soll. Noch komplizierter ist es wahrscheinlich, einen Papierflieger ausschließlich nach einer schriftlichen Bastelanleitung herzustellen.

> Der Erwerb von fachlichen und entwicklungsorientierten Kompetenzen wird durch das Präsentationsniveau sowie die Art und Intensität der Anleitung bzw. Hilfe bestimmt.

Das Präsentationsniveau hat BRUNER (BRUNER/OLVER/GREENFIELD, 1971) mit den Begriffen *enaktiv, ikonisch* und *symbolisch* beschrieben. Im Folgenden werden analog dazu die Begriffe *Handlung, Bild* und *Text* verwendet. Die Art und Intensität der Hilfe und somit der Grad der selbstständigen Durchführung verläuft von der direkten Hilfe einer unmittelbar anwesenden Person über die Möglichkeit einer mittelbaren Hilfe, z. B. telefonisch oder bildlich, bis hin zur Bewältigung einer Aufgabe ganz ohne Hilfe.

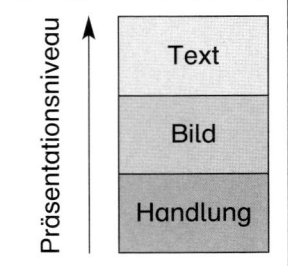 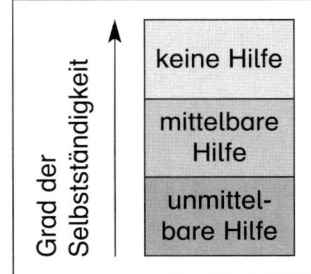

Drei Präsentationsniveaus im Kochunterricht   Grad der Selbstständigkeit

Für den Lernprozess im Kochunterricht mit der Zielsetzung des selbstständigen Umgangs mit Textrezepten ergibt sich daraus zunächst folgende Darstellung im Sinne eines Sachstrukturgitters.

Das Arbeitsmaterial: Rezepte auf drei Präsentationsniveaus

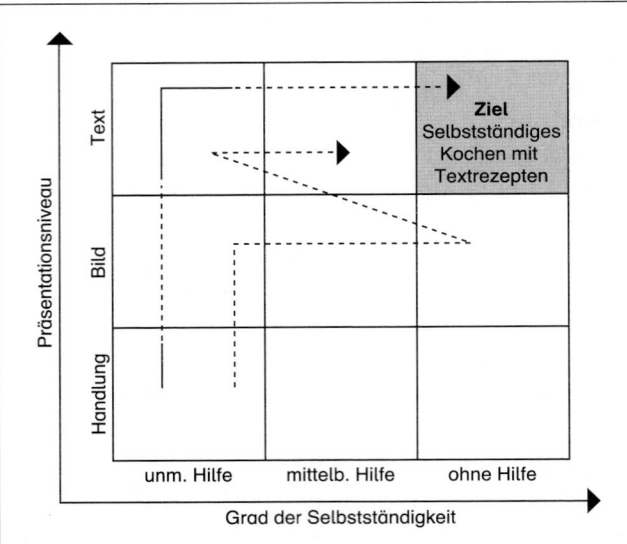

Sachstrukturgitter „Kochen nach Rezept I"

Die Pfeile zeigen zwei mögliche Lernverläufe in Bezug auf das Präsentationsniveau und den Grad der Selbstständigkeit. Die gestrichelte Linie kennzeichnet einen unterbrochenen Verlauf.

Ein im Kochunterricht sehr üblicher Lernweg stellt die *Kombination von handelnder und schriftlicher Präsentation* dar. Ausgewählte Arbeitsvorgänge werden im Vorwege der Zubereitung von der Lehrkraft vorgemacht und im späteren Unterrichtsverlauf durch die Vorlage eines schriftlich präsentierten Rezepts von den Schülern angewendet. Häufig ist hierbei zu beobachten, dass während der Zubereitung ein hoher Bedarf an unmittelbarer Hilfe durch die Lehrkraft entsteht, da Arbeitsschritte in ihrer fachgerechten Ausführung nicht mehr vollständig erinnert werden. Dies ist darauf zurückzuführen, dass in Textrezepten die Arbeitsanweisungen überwiegend sehr kurz sind und eine hohe Informationsdichte beinhalten, wie es für eine „Fachsprache" typisch ist.

Eine Arbeitsanweisung wie z. B. *Schafskäse würfeln* enthält die folgende Informationsmenge bzw. besteht aus folgenden Teilschritten:

Informationsdichte der Arbeitsanweisung „Schafskäse würfeln"

- Öffne die Schafskäsepackung.
- Nimm den Schafskäse aus der Verpackung.
- Lege den Schafskäse auf ein Brett.
- Nimm ein Küchenmesser (das kleine Messer mit dem schwarzen Griff).
- Schneide 1cm breite Streifen in Längsrichtung.
- Drehe das Brett, sodass die Streifen zusammen quer vor dir liegen.
- Schneide jetzt 1 cm breite Streifen in Querrichtung.

Es wird deutlich, wie viele Informationen die kurze Arbeitsanweisung *Schafskäse würfeln* in Form von auszuführenden Teilschritten beinhaltet.

Für das Präsentationsniveau ergeben sich daraus neben der Art der Präsentation (Präsentationsform) zwei weitere Dimensionen, die die Komplexität eines Präsentanten beeinflussen:

Drei Dimensionen des Präsentationsniveaus
- Präsentationsform (Handlung, Bild, Zeichnung, Text)
- Präsentationsmenge
- Informationsdichte eines Präsentanten

Unabhängig von der Präsentationsform lässt sich feststellen, dass die Informationsdichte einer Arbeitsanweisung sinkt, sobald man die Präsentationsmenge erhöht. Zudem sind bei geringer Präsentationsmenge gute fachliche Vorkenntnisse erforderlich, um die Arbeitsanweisung fachgerecht interpretieren zu können.

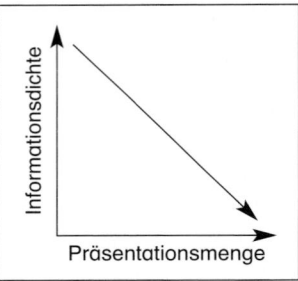 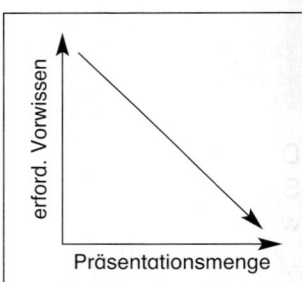

Zusammenhang zwischen Präsentationsmenge, Informationsdichte und erforderlichem Vorwissen beim Dekodieren von Arbeitsanweisungen

Erhöht man also die Präsentationsmenge der Arbeitsanweisung *Schafskäse würfeln* aufgrund mangelnder Vorerfahrungen der Lerngruppe zugunsten einer niedrigeren Informationsdichte in der Präsentationsform Text, steigen die Anforderungen im Bereich der Lesefähigkeiten im Verhältnis der größer werdenden Textmenge und Textkomplexität.

Die selbstständige Arbeit mit Textrezepten setzt entweder gute Fachkenntnisse oder gute Lesekompetenzen voraus.

Das Arbeitsmaterial: Rezepte auf drei Präsentationsniveaus

Gängige Rezepte präsentieren meist eine geringe Textmenge mit hoher Informationsdichte, um eine gewisse Übersichtlichkeit und Verständlichkeit zu gewährleisten. Fachwissen wird hierbei vorausgesetzt. Dies hat Konsequenzen für das methodische Vorgehen im Unterricht.

> Die ausschließliche Verwendung von Textrezepten im Kochunterricht bedingt einen stark angeleiteten Unterricht sowie die stetige Hilfestellung der Lehrkraft in der Präsentationsform Handlung.

Anders als bei Textrezepten steigen beim Präsentationsniveau Bild die Anforderungen der Dekodierungsfähigkeiten nicht, sobald man die Präsentationsmenge (Bildmenge) erhöht. Vielmehr kann auf diesem Anschauungsniveau eine komplexe Arbeitsanweisung wie *Schafskäse würfeln* sehr gut in ihren Teilschritten präsentiert werden. Der Schüler kann sich folglich im Kochunterricht die Arbeitsschritte selbstständig erschließen bzw. erinnern.

> Die Hinzunahme der bildlichen Präsentation von Arbeitsschritten und deren mögliche Kombination mit schriftlichen Arbeitsanweisungen im Kochunterricht ermöglicht dem Schüler eine selbstständige Arbeitsweise und entlastet den Lehrer in seiner Funktion als *stetiger Ersthelfer*.

Das Sachstrukturgitter *Kochen nach Rezept I* (s. S. 6) muss demnach differenzierter dargestellt werden:

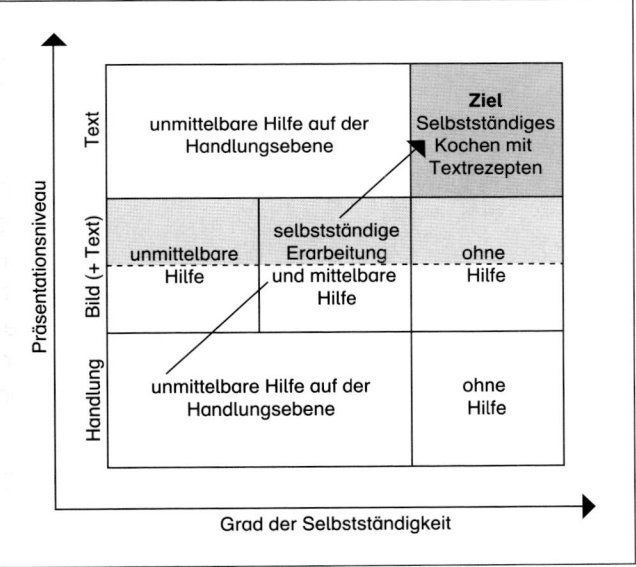

Sachstrukturgitter „Kochen nach Rezept II"

Es wird deutlich, dass durch die Verwendung von Bild- bzw. Bildtextrezepten selbstständige Lern- und Arbeitsprozesse im Vergleich zu den anderen Präsentationsniveaus wesentlich früher realisiert werden können.

Durch einen weniger angeleiteten, schülerzentrierten Unterricht können so neben dem Erwerb von Fachwissen vielfältige Methodenkompetenzen sowie entwicklungsorientierte Lernziele erarbeitet werden.

Eine weitere positive Auswirkung der geringeren Erfordernis von unmittelbarer Hilfe durch die Lehrkraft, gerade im Unterricht mit mehreren Arbeitsgruppen, ist die Reduzierung von Wartezeiten für die Schüler. Üblich für den Hauswirtschaftsunterricht ist es, mit 3–5 Lerngruppen parallel zu arbeiten. Wird in mehreren Gruppen gleichzeitig Hilfe benötigt, müssen einige Schüler warten, bis die Lehrkraft für sie zur Verfügung steht.

Unsere eigenen Erfahrungen haben gezeigt, dass Schüler in diesen Zeiten teilweise auf *vielfältige Ideen* im Umgang mit Küchengeräten und Lebensmitteln kommen, die sich von der fachgerechten Arbeitsweise etwas entfernen ... Haben die Schüler jedoch die Möglichkeit, Arbeitsprozesse, an die sie sich nicht mehr erinnern, oder die sie noch nicht kennen, anhand von Bildern mit evtl. kleinen textlichen Erläuterungen selbstständig nachzuvollziehen oder zu erarbeiten, entsteht das oben beschriebene „kreative Potenzial" erst gar nicht, da Wartezeiten der Schüler vermieden werden.

Weiterhin ermöglichen Bild- bzw. Bildtextrezepte auch denjenigen älteren Schülern selbstständig am Hauswirtschaftsunterricht teilzunehmen, die bis zum Ende ihrer Schullaufbahn nur sehr geringe Lesekompetenzen erworben haben.

Zudem entsteht die Möglichkeit, mit jüngeren Lerngruppen zu kochen, die noch keine Lesekompetenz im engeren Sinne erworben haben, um evtl. gerade diese Kompetenz zu fördern (vgl. S. 10).

Zusammenfassend lässt sich feststellen:

> **Bild- oder Bildtextrezepte ...**
> - schließen eine didaktisch-methodische Lücke im selbstständigen Umgang mit Rezepten.
> - schaffen eine gute Möglichkeit der mittelbaren Hilfe.

Das Arbeitsmaterial: Rezepte auf drei Präsentationsniveaus

Die Anpassung des Präsentationsniveaus eines Rezeptes an die Kompetenzen der Schüler …

- ermöglicht die Steigerung selbstständiger Arbeitsprozesse im Unterricht.
- senkt die Notwendigkeit der unmittelbaren Hilfe der Lehrkraft im Unterrichtsverlauf.
- ermöglicht weitere methodische Vorgehensweisen im Unterricht.
- ermöglicht neben dem Erwerb von Fachwissen die Erarbeitung von Methodenkompetenzen sowie entwicklungsorientierten Lernzielen.
- verringert Wartezeiten im Unterricht und ermöglicht somit durchgängiges, fachbezogenes Arbeiten (Prävention von Unterrichtsstörungen).
- ermöglicht die selbstständige Teilnahme am Kochunterricht ganz ohne oder mit sehr geringen Lesekompetenzen.
- bietet eine gute Möglichkeit, Lesekompetenzen zu erwerben bzw. zu erweitern.

Kurzbeschreibung der drei Präsentationsniveaus

Die Rezepte aus aller Welt sind 13 internationale Rezepte, die in den Präsentationsniveaus *Textleser, Bildtextleser* und *Bildleser* aufbereitet sind.

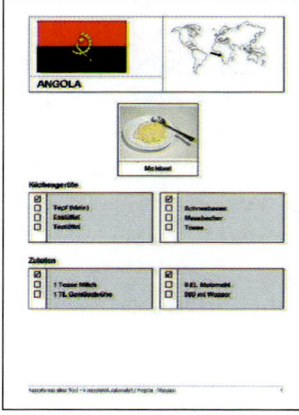
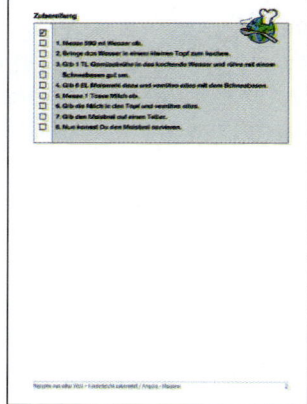

Beispiel: Textleser

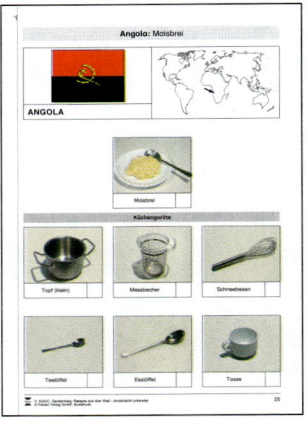
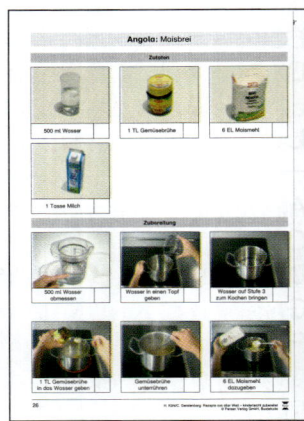

Beispiel: Bildtextleser (Auszug)

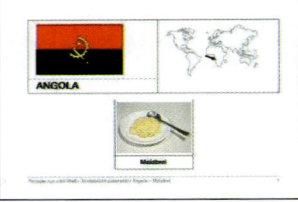

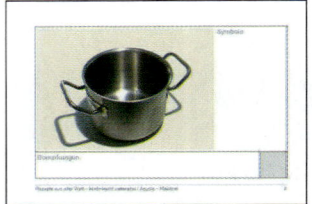

Beispiel: Bildleser (Auszug)

Alle 13 Rezepte sind im Präsentationsniveau *Bildtextleser* in diesem Buch abgedruckt (s. S. 25 ff). Sie können die Rezepte im Buch belassen oder sie zum flexibleren Gebrauch heraustrennen. Die Präsentationsniveaus *Textleser* und *Bildleser* finden Sie zum Ausdruck und zur individuellen Bearbeitung auf der DVD-ROM.

Das Arbeitsmaterial: Rezepte auf drei Präsentationsniveaus

Folgende Gerichte sind im Buch sowie auf der DVD-ROM vorhanden:

Land	Gericht
Angola	Maisbrei
China	Gemüsepfanne
Dänemark	Hot Dog
Großbritannien	English Breakfast
Frankreich	Aligot
Griechenland	Gyros
Indien	Currypfanne
Italien	Pizza
Mexiko	Chili con Carne
Polen	Böhmische Kartoffelpuffer
Russland	Boeuf Stroganoff
Türkei	Börek
USA	Hamburger

Alle Präsentationsniveaus nehmen auf der ersten Seite eine *geografische Einordnung* des Landes vor, aus dem das Rezept stammt. Hierzu ist die Flagge abgebildet und das Land mit einem Pfeil auf einer Weltkarte markiert. Um einen Eindruck von dem zuzubereitenden Gericht zu bekommen, ist anschließend das fertige Gericht abgebildet. Weiterhin sind die benötigten Küchengeräte, die Zutaten und abschließend die Arbeitsschritte aufgeführt.

Zur *Selbstkontrolle* für den Schüler finden sich in den Rezepten Abhakfelder, die nach dem Laminieren oder Einlegen der Rezepte in Klarsichthüllen mit einem Folienstift oder Klebepunkten verwendet werden können.
Die Text- und Bildtextrezepte liegen im DIN-A4-Format vor, während die Bildrezepte (auf der DVD-ROM) zerteilt werden müssen, sodass ein DIN-A5-Format entsteht. Demnach präsentieren die Bildrezepte auf jeder Seite nur ein Bild.

Die *Zutaten* für das Bild- und Bildtextleserniveau wurden in der Form fotografiert, wie sie im Supermarkt zu finden sind. So lässt sich dieser Teil des Rezeptes auch als Einkaufszettel verwenden. Wie auch die Küchengeräte sind sie einzeln und nicht als Zusammenstellung auf einem Bild dargestellt, damit sie auch für andere Rezepte, wie es die DVD-ROM ermöglicht, zu verwenden sind. Mengenangaben werden im darunterliegenden Textfeld schriftlich vorgenommen. Dies kann natürlich durch die Möglichkeit der individuellen Bearbeitung verändert bzw. ergänzt werden. Die Zubereitungsmengen sind so gewählt, dass ein Gericht für 3–4 Schüler serviert werden kann. Die Zutaten sind in der Regel in jedem Supermarkt erhältlich. Neben der Auswahl von frischen Lebensmitteln haben wir zugunsten einer einfachen Zubereitung auch Halbfertigprodukte in die Rezepte aufgenommen, da wir es als wahrscheinlicher ansehen, dass Schüler Rezepte zu Hause nachkochen, wenn die Zubereitung nicht zu kompliziert ist.

Um die Rezepte einheitlich darzustellen, wird auf den Bildern immer die gleiche *Herdplatte* verwendet. So kommt es, dass auch die kleinen Töpfe auf einer großen Herdplatte abgebildet sind. Hier möchten wir darauf aufmerksam machen, dass die fachgerechte Verwendung des Elektroherds vorher erarbeitet werden sollte oder durch eine Lehrkraft im Unterricht unterstützt wird.
Die Stufenangaben für den Elektroherd richten sich nach einer Normalkochplatte (Stufenschaltung 0–3). Die Temperaturangaben für den *Backofen* wurden entsprechend der Beheizung mit Umluft vorgenommen.

Die *Arbeitsschritte* sind aus der Ich-Perspektive fotografiert. Auf diese Weise ist bei der Informationsentnahme und -verarbeitung kein gedanklicher Perspektivwechsel notwendig.
Die Reihenfolge der Arbeitsschritte ist so gewählt, dass vor dem Umgang mit Herd oder Backofen möglichst alle Zutaten vorbereitet sind, damit während des Kochvorganges kein Zeitdruck entsteht.
Bei der Zubereitung der Gerichte finden maximal zwei Kochvorgänge gleichzeitig statt, wobei es sich dann bei einem der Vorgänge um das Kochen von Kartoffeln oder Reis handelt – ein Kochvorgang, der also relativ wenig Beaufsichtigung benötigt. Die Anforderungen im Bereich der Zeitplanung bleiben folglich gering. Trotzdem erhalten die Schüler durch ergänzende Materialien die Möglichkeit, *zeitliche und organisatorische Planungen* selbst vorzunehmen oder Kontrollen durch die Lehrkraft festzulegen. Hierzu stehen ihnen kleine Piktogramme (Lappen, Stoppschild, Uhr) zur Verfügung, die sie flexibel in die Rezepte einfügen können (s. S. 19).
Um zu bestimmten Zeitpunkten der Zubereitung das bisherige Vorgehen der Schüler zu kontrollieren, an das Stellen einer Uhr zu erinnern oder

eine zwischenzeitliche Reinigung des Arbeitsplatzes vorzugeben, können die Symbole auch von der Lehrkraft in die Rezepte eingefügt werden.

Textleser:
Die Arbeitsanweisungen der Textrezepte sind als direkte Ansprache an den Schüler formuliert, wobei auf ein gutes Verhältnis zwischen Textmenge und Informationsdichte geachtet wurde (vgl. S. 6 f.). Die Möglichkeit zur individuellen Veränderung der Rezepte bietet an dieser Stelle ein breites Spektrum der Anpassungen an die Kompetenzen einer Lerngruppe.

Bildtextleser:
Das Präsentationsniveau Bildtextleser stellt die Zutaten, Küchengeräte und Arbeitsanweisungen in Zeilen mit jeweils drei Bildern in Leserichtung dar. Auf einer Seite sind maximal vier Zeilen abgebildet. Unter den Bildern ist ein Textfeld vorhanden, in dem entweder das gezeigte Bild in schriftlicher Form präsentiert oder um zusätzliche Angaben ergänzt wird. Durch die Darstellung mehrerer Bilder auf einer Seite ist es möglich, alle Einzelschritte eines Arbeitsvorganges gleichzeitig in ihrer Handlungsfolge zu erfassen und daraus die Gesamttätigkeit zu erschließen.

Bildleser:
Neben einem Textfeld unterhalb des Bildes und einem Abhakfeld wie bei den Bildtextrezepten bietet das Präsentationsniveau Bildleser ein weiteres Feld, in das z. B. von einer Lerngruppe bekannte Piktogramme oder Symbole für Mengenangaben oder Arbeitsanweisungen eingefügt werden können.
Da die Bildleserrezepte im DIN-A5-Format verwendet werden, präsentieren sie nur ein Bild pro Seite. Die Seitenzahl der Rezepte in diesem Präsentationsniveau ist somit verhältnismäßig hoch. Ein komplexes Rezept wie beispielsweise die Chinesische Gemüsepfanne beinhaltet in dieser Darstellungsform ca. 100 Seiten.
Geht man davon aus, dass die Bilder in dieser Rezeptform nacheinander präsentiert werden, z. B. in Form eines Ringbuchs (s. S. 20), können Teilschritte eines Arbeitsvorganges wie beispielsweise *Zwiebel schneiden* nicht alle gleichzeitig betrachtet werden. Ein Gesamtarbeitsprozess lässt sich so kaum selbstständig erschließen. Möchte man diese Schwierigkeit vermeiden, indem man die Bilder nebeneinander präsentiert, benötigt man relativ viel Platz.

Anregungen, wie Sie die Rezepte aus aller Welt in diesem Präsentationsniveau sinnvoll im Unterricht verwenden, lesen Sie bitte auf S. 17 in Kapitel 4 *Methodische Umsetzung.*

Für welche Schüler eignen sich die verschiedenen Präsentationsniveaus?

Das Präsentationsniveau *Textleser* richtet sich an Schüler, die gute Lesekompetenzen haben und diese im Kochunterricht handlungsorientiert festigen sollen. Zudem sind im selbstständigen Umgang mit dieser Präsentationsform fachliche Vorkenntnisse erforderlich (s. S. 6).
Die *Bildtextrezepte* sind für Schüler mit geringen Lesekompetenzen konzipiert. Überwiegend lassen sich die Informationen aus den Bildern entnehmen. Kleine Texte ergänzen die bildlichen Darstellungen. Aber auch für Schüler, die bereits über gute Lesefähigkeiten verfügen, denen jedoch noch Fachkenntnisse fehlen, eignet sich dieses Präsentationsniveau, da es einen selbstständigen Arbeitsprozess ermöglicht (s. S. 7 Sachstrukturgitter). Zudem können Schüler ohne Lesekompetenzen, die über ausreichend differenzierte Wahrnehmungsfähigkeiten verfügen mit den Bildtextrezepten umgehen, wenn sie durch die Lehrkraft bzw. ihre Mitschüler unterstützt werden.
Die *Bildrezepte* sprechen Schüler an, die noch keine Lesekompetenz erworben haben und über eingeschränkte Wahrnehmungsfähigkeiten verfügen. Gute Erfahrungen mit diesem Präsentationsniveau haben wir mit Schülern der Schule für geistig behinderte Schüler gemacht. Aber auch für den vorschulischen Bereich eignet sich dieses Präsentationsniveau.
Wie mit den Rezepten im speziellen umgegangen werden kann, wird in Kapitel 4 *Methodische Umsetzung* (s. S. 20 f.) erläutert.

Zusammenfassend lässt sich festhalten, dass mit den Rezepten aus aller Welt ein Arbeitsmaterial vorliegt, mit dem Anforderungen im Umgang mit Rezepten an die Kompetenzen eines Schülers angepasst und sukzessiv gesteigert werden können.
Durch drei Präsentationsniveaus und deren Möglichkeit zur Veränderung sowie die einheitliche Gestaltung der Rezepte bietet dieses Buch insbesondere in den Bereichen Informationsentnah-

Das Arbeitsmaterial: Rezepte auf drei Präsentationsniveaus

me und -verarbeitung für unterschiedlichste Lerngruppen weitreichende Möglichkeiten der individuellen Förderung. Hierbei sprechen die einzelnen Präsentationsniveaus verschiedene Altersgruppen, aber auch Lerngruppen mit unterschiedlichen intellektuellen Leistungsfähigkeiten an.

Im Bereich der Zeitplanung sowie der Arbeitsplatz- und Handlungsorganisation lassen sich die Rezepte aus aller Welt auf einem unteren Anforderungsniveau einordnen, da durch die Reihenfolge der Zubereitung nur selten mehrere Arbeitsschritte gleichzeitig ausgeführt werden müssen.

Durch die frühe Möglichkeit des selbstständigen Arbeitens einer Schülergruppe werden kommunikative Prozesse zwischen den Schülern gefordert und gefördert.

Beim Erwerb fachlicher sowie methodischer Kompetenzen unterstützt das Arbeitsmaterial den Schüler im selbstständigen Lernprozess, da er durch die bildliche Präsentation die Möglichkeit erhält, sich Arbeitsprozesse selbst zu erschließen bzw. eigenständig nachzuschlagen.

Die anschließende *Übersichtstabelle* der Rezepte gibt Informationen zu wichtigen Aspekten der Zubereitung der einzelnen Gerichte. Angaben zu den benötigten Küchengeräten und Zutaten eines Rezeptes sowie den durchzuführenden Arbeitsschritten geben schnell und übersichtlich Aufschluss darüber, ob sich die Zubereitung eines Gerichtes mit einer Lerngruppe und den zur Verfügung stehenden Mitteln verwirklichen lässt. Weiterhin kann man den Angaben zu Arbeitsschritten und Kochvorgängen entnehmen, welche Arbeitstechniken bei der Zubereitung eines Gerichtes bekannt sein müssen bzw. erlernt werden können.

Das Arbeitsmaterial: Rezepte auf drei Präsentationsniveaus

Gericht	Zutaten	Küchengeräte	Arbeitsschritte	Kochen Backen Braten	Schwierigkeit (1-3)
Angola Maisbrei	- 500 ml Wasser - 6 EL Maismehl - 1 TL Gemüsebrühe - 1 Tasse Milch	- Messbecher - Topf klein - Schneebesen - Teelöffel	- Esslöffel - Tasse	- Flüssigkeiten abmessen und eingießen - Rühren mit einem Schneebesen	- Pulver aus Glas und Packung löffeln - Pulver einfüllen - Rühren mit einem Löffel	Kochen 1x	1
China Gemüsepfanne	- 750 g Asiatisches Gemüse (TK) - 1 EL Saure Sahne - 300 g Rindfleisch - 1 TL Gemüsebrühe - 4 EL Sojasoße	- 1 Paprika - Pfeffer - 1 TL Salz - 1 EL Öl - 2 Beutel Reis	- Bratpfanne tief - Esslöffel, Gabel - Küchenmesser - Pfannenwender - Schneidebrett klein	- Schere - Teelöffel - Messbecher - Teller flach - Topf klein	- Paprika waschen, in Streifen schneiden, würfeln - Wasser abmessen, eingießen - Beutelreis kochen - Fleisch braten und würzen - Paprika anbraten - Gemüse dünsten	Kochen 1x Braten 1x	2
Dänemark Hot Dog	- Saure Gurken (Scheiben) - 4 Hot Dog Brötchen - Remoulade - Ketchup - 4 Würstchen	- Röstzwiebeln - Senf	- Brotmesser - Gabel - Teelöffel - Würstchenzange - Schneidebrett groß - Grillrost	- Topf groß - Messbecher - Teller klein	- Wasser abmessen, eingießen und kochen - Würstchen heiß werden lassen - Hot Dog Brötchen backen, einschneiden	- Röstzwiebeln und Gurken auflegen - Umgang mit Würstchenzange, Senf, Ketchup- und Remouladentuben	Backen 1x Kochen 1x	2
Frankreich Aligot	- 2 Zehen Knoblauch - 1 Bund Schnittlauch - 6 EL Creme Fraiche - 250 g geriebenen Käse - 150 ml Milch - 1 Packung Kartoffelpüree - 2 EL Margarine	- Toastbrot - Salz - Pfeffer - 400 ml Wasser	- Knoblauchpresse - Kochlöffel - Küchenmesser - Pfannenwender - Schneebesen - Messbecher - Schneidebrett groß - Schneidebrett klein - Glasschale	- Topf groß - Topf klein - Brotmesser - Esslöffel - Gabel - Teller tief - Toaster - Teelöffel	- Toast toasten, in Würfel schneiden - Schnittlauch schneiden und überstreuen - Knoblauch schälen, pressen - Wasser abmessen, eingießen, zum Kochen bringen - Püreepulver und Milch einrühren	- Margarine erhitzen - Käse unterheben - Würzen	Kochen 2x	1
Griechenland Gyros	- 1/2 Gurke - 1 Knoblauchzehe - 500 g Joghurt - 1 Fladenbrot - 500 g Gyros	- Pfeffer - Salz - 1 EL Olivenöl - 2 EL Öl	- Bratpfanne - Schneidebrett groß - Schneidebrett klein - Knoblauchpresse - Küchenmesser - Pfannenwender	- Sparschäler - Küchenreibe - Brotmesser - Esslöffel - Teller flach - Schüssel	- Fladenbrot schneiden - Knoblauch schälen und pressen - Gurke schälen, halbieren und reiben	- Würzen - Joghurt verrühren - Gyros braten	Braten 1x	2
Großbritannien English Breakfast	- 1 Dose / Packung gebackene Bohnen - 4 Scheiben Toast - 12 Scheiben Speck	- 4 Eier - Margarine - 2 EL Öl	- Bratpfanne - Topf klein - Pfannenwender - Frühstücksbrett	- Esslöffel - Messer - Schere - Teller flach	- Toast bestreichen - Packung aufschneiden oder Dose öffnen - Bohnen erhitzen	- Speck und Eier braten - Toast mit Ei und Speck belegen	Kochen 1x Braten 2x	3
Indien Currypfanne	- 4 Hähnchenbrustfilets - 3 TL Curry - 1 TL Salz - 2 EL Mandeln - 1 EL Mehl, 1 EL Öl - 300 ml Wasser	- 2 Beutel Reis - 2 Äpfel - 1 Banane - 2 EL Rosinen - 1 Zwiebel - 8 EL Sahne - 1 EL Honig	- Bratpfanne tief - Esslöffel, Teelöffel - Küchenmesser - Pfannenwender - Schneebesen - Schneidebrett mittel - Schneidebrett klein	- Topf groß - Glasschale - Messbecher - Sparschäler - Teller flach - Küchenrolle	- Sahne mit Mehl glattschlagen - Zwiebel und Äpfel schälen und würfeln - Banane schälen und in Scheiben schneiden - Fleisch schneiden	- und würzen - Reis kochen - Zwiebeln braten - Zutaten in Pfanne geben und unterheben - Würzen - Fleisch braten	Kochen 1x Braten 1x	3

12

H. Kühl / C. Gerstenberg: Rezepte aus aller Welt – kinderleicht zubereitet
© Persen Verlag GmbH, Buxtehude

Das Arbeitsmaterial: Rezepte auf drei Präsentationsniveaus

Gericht	Zutaten	Küchengeräte	Arbeitsschritte	Kochen Backen Braten	Schwierigkeit (1–3)
Italien Pizza	- 1 Paprika - 3-5 Pilze - 200 g geriebenen Käse - 200 g Salami - Pizzateig mit Soße (Fertig-Teig)	- Küchenmesser - Pfannenwender - Schneidebrett mittel - Schneidebrett klein - Backblech - Esslöffel - Schere - Backpapier	- Paprika würfeln und waschen - Pilze schälen und schneiden - Salami schneiden - Teig ausrollen - Tomatenmark verstreichen - Pizza belegen, backen und schneiden	Backen 1x	2
Mexiko Chili con Carne	- 1 Dose Rote Bohnen - 300 g Hackfleisch - Gewürzmischung Chili con Carne - 300 ml Wasser - 1 EL Öl - 1 Zwiebel - 1 Paprika - 1 Dose Mais - 1 Fladenbrot	- Bratpfanne tief - Küchenmesser - Pfannenwender - Messbecher - Schneidebretter groß, mittel und klein - Dosenöffner - Messbecher - Sieb klein - Teller tief - Brotmesser	- Dosen öffnen - Mais und Bohnen abgießen - Zwiebel schälen und würfeln - Paprika waschen und in Würfel schneiden - Hackfleisch, Zwiebeln braten - Zutaten und Gewürze unterheben, verrühren - Wasser abmessen und dazugießen - Brot schneiden	Braten 1x	2
Polen Böhmische Kartoffelpuffer	- 1 kg Kartoffeln - 5 Zehen Knoblauch - 6 EL Majoran - 3 EL Salz - 4 Eier - 16 EL Mehl - 6 EL Öl	- Knoblauchpresse - Küchenmesser - Pfannenwender - Schneidebrett mittel - Schneidebrett klein - Küchenwaage - Bratpfanne - Esslöffel - Sparschäler - Küchenreibe - Teller flach - 2 Schüsseln	- Knoblauch schälen und pressen - Kartoffeln abwiegen, schälen, reiben - Zutaten vermengen - Ei aufschlagen und in eine Schüssel geben - Kartoffelpuffer braten, wenden - Würzen	Braten 1x	2
Russland Boeuf Stroganoff	- 600 g Kartoffeln - 200 g Pilze - 2 Zwiebeln - 2 EL Öl - 150 g Saure Sahne - 500 g Rindfleisch - Pfeffer - 1 TL Salz - 1 EL Mehl	- Bratpfanne tief - Fleischmesser - Küchenmesser - Pfannenwender - Schneebesen - Küchenrolle - Schneidebrett groß, mittel und klein - Topf groß - Esslöffel - Gabel - Teelöffel - Glasschale - Messbecher - Teller flach	- Fleisch in Streifen schneiden, würzen - Pilze schälen und schneiden - Zwiebel schälen und in Ringe schneiden - Sahne mit Mehl glattschlagen - Kartoffeln kochen - Fleisch braten - Zwiebeln und Pilze braten - Sahne unterheben - Würzen - Kartoffeln pellen	Kochen 1x Braten 1x	3
Türkei Börek	- 500 g Blattspinat - 1 Knoblauchzehe - 1 Zwiebel - 1 EL Butter - 500 g Joghurt - 2 EL Milch - 200 g Schafskäse - 1 EL Kreuzkümmel - Salz - 1 Packung Börekteig - 1 EL Öl	- Knoblauchpresse - Küchenmesser - Pfannenwender - Schneidebrett groß - Schneidebrett mittel - Schneidebrett klein - Backblech - Topf klein - Esslöffel - Gabel - Glas - Teller flach - Teller tief - Backpapier	- Spinat auftauen - Schafskäse würfeln - Zwiebeln schneiden, würfeln - Knoblauchzehe schälen und pressen - Zwiebeln braten - Spinat kochen - Zutaten untermengen und würzen - Butter schmelzen - Börekteig befüllen und rollen - Börekrollen backen	Kochen 2x Backen 1x	3
USA Hamburger	- 4 Salatblätter - Saure Gurken (Scheiben) - Zwiebeln - 2 Tomaten - 4 Scheiben Sandwichkäse - 4 Hamburgerbrötchen - 300 g Hackfleisch - Ketchup - Mayonnaise - Pfeffer - Salz - Senf - 1 Ei - 1 EL Öl	- Küchenmesser - Pfannenwender - Tomatenmesser - Schneidebrett groß - Schneidebrett mittel - Schneidebrett klein - Schüssel - Sieb groß - Teller flach - Backblech - Bratpfanne - Brotmesser - Gabel - Messer - Backpapier	- Salat waschen - Tomaten waschen, schneiden - Zwiebel schälen und würfeln - Hackfleisch, Ei und Zwiebeln vermengen und würzen - Frikadellen formen - Frikadellen braten - Hamburgerbrötchen aufschneiden - Brötchenhälften belegen - Ketchup, Mayonnaise und Senf aus der Tube pressen	Braten 1x Backen 1x	2

H. Kühl / C. Gerstenberg: Rezepte aus aller Welt – kinderleicht zubereitet
© Persen Verlag GmbH, Buxtehude

3. Die Arbeitsbereiche: Lernziele und Fördermöglichkeiten

Wahrscheinlich sind Sie auch schon einmal von einem Schüler gefragt worden, wozu er den *Quatsch* (also den aktuellen Lehrstoff) eigentlich braucht. Ein Beispiel: Ein Schiff, von dem man weiß, dass es von zwei Kränen innerhalb von 4 Stunden mit 100000 BRT Holz beladen wird, woraufhin man ausrechnen soll, wie lange es dauert, bis drei Kräne 70000 BRT Holz dieses Schiff beladen ... dieses Schiff wird diesem Schüler höchstwahrscheinlich wirklich nicht begegnen.

Natürlich ist es notwendig, zur Übung eines bestimmten Fachwissens Situationen zu konstruieren. Umso einsichtiger und motivierender ist es jedoch dann, wenn Schüler erworbenes Wissen in Alltagssituationen wiederentdecken können.

So haben wir es für sinnvoll erachtet, ausgehend von einer lebenspraktischen Tätigkeit, nämlich der Zubereitung von Speisen, aufzuzeigen, welche Lerninhalte aus anderen Fachbereichen Anlass dazu geben, den Lernort in die Schulküche zu verlegen, um sich beim Kochen handlungsorientiert mit unterschiedlichen Lernfeldern des Fächerkanons auseinanderzusetzen.

Diese Form der Unterrichtsplanung ist heutzutage sicherlich noch sehr *förderpädagogisch* gedacht und in der Regelschule im üblichen Schulvormittag schwierig zu verwirklichen. Aber im Bereich der betreuten Nachmittagsangebote an Schulen oder Projektarbeiten sind solche Arbeitsweisen auch dort denkbar.

Es folgen einige Anregungen, mit welchen Zielsetzungen die Rezepte aus aller Welt in verschiedenen Fachbereichen sinnvoll in die Unterrichtsplanung einbezogen werden können, sowie Anregungen zu außer- und vorschulischen Angeboten.

Schulische Angebote

Heimat- und Sachkunde/Erdkunde/ Gesellschaftskunde
Das Kennenlernen fremder Kulturen und Länder ist ein fester Bestandteil unserer allgemeinen schulischen Bildung. Hierzu nutzt man im Unterricht Texte, Filme, nimmt geografische Einordnungen vor, hört und singt traditionelle Lieder eines Landes, betrachtet die Flora und Fauna und vieles mehr. Um einen weiteren Sinn in den Lernprozess einfließen zu lassen, bietet es sich an, ein landestypisches Gericht zuzubereiten und zu verzehren. So können die Schüler z. B. typische Gewürze oder Essensgewohnheiten fremder Länder und Kulturen kennenlernen. Wir haben versucht, mit den Rezepten aus aller Welt ein Angebot aus verschiedenen Ländern zusammenzustellen, die im Rahmen der Heimat- und Sachkunde, Erdkunde oder Gesellschaftskunde thematisiert werden.

Mathematik
Ein Bestandteil des Mathematikunterrichts ist der Umgang mit Größen und Einheiten. Das Abwiegen von Lebensmitteln, der Umgang mit dem Messbecher, Verpackungseinheiten oder Geld sowie Zeitplanungen und Zeitberechnungen sind nur einige Beispiele. Aber auch die Grundrechenarten und schriftlichen Rechenverfahren sowie das Sachrechnen können Anlass sein, einkaufen zu gehen und/oder zu kochen, um ein Situationsverständnis für mathematische Inhalte zu schaffen.

Hauswirtschaft
Ein zentraler Fachbereich, in dem die Rezepte aus aller Welt ihre Anwendung finden, ist der Hauswirtschaftsunterricht.
Das Beherrschen grundlegender Nahrungszubereitungstechniken sowie hauswirtschaftlicher Techniken und Abläufe, das sachgerechte Einrichten und Nutzen von Arbeitsplätzen, sachgerechtes und sensibles Umgehen mit Lebensmitteln und Werkstoffen, ökonomisches und ökologisches Denken beim Planen, Beschaffen, Gebrauchen und Verbrauchen von Lebensmitteln, sicheres Umgehen mit manuell und elektrisch betriebenen Küchengeräten und Werkstoffen (vgl. Lehrplan Hauswirtschaft Schleswig-Holstein) sind Kompetenzen, die während des Kochens erarbeitet, angewendet und geübt werden.

Leseförderung
Der Begriff *Lesen* lässt sich unterschiedlich weit bzw. eng definieren. Versteht man im engeren Sinne Lesen als das korrekte Lautieren von abstrakten Zeichenfolgen und deren Synthese zu Wörtern und Sätzen bei gleichzeitigem Sinnverständnis, kann man im weiteren Sinne bereits die Informationsentnahme aus einem Bild oder einer vorgemachten Handlung dem Begriff Lesen zuordnen *(Situations- oder Bildlesen)*.

Die Arbeitsbereiche: Lernziele und Fördermöglichkeiten

Unabhängig davon bleiben jedoch die Teilkompetenzen, die auf dem Weg zur sicheren Lesekompetenz erlernt werden müssen, gleich. Grob gliedert sich der Erwerb dieser Kompetenzen in die vorbereitenden Fähigkeiten, das Erlernen von Synthese und Analyse bei gleichzeitiger Sinnentnahme sowie der Ausdifferenzierung der Lesekompetenzen.

Die vorliegenden Rezepte bieten in zwei Phasen dieser Einteilung gute Fördermöglichkeiten. Zum einen können Kompetenzen geübt werden, die ganz zu Beginn des Leselernprozesses stehen: Differenzierte visuelle Wahrnehmung, Konzentration der Wahrnehmung auf eine bestimmte Darstellung, Informationsentnahme und Interpretation einer bildlichen Darstellung, Erkennen der Leserichtung, Symbolisierungstätigkeiten und Situationsverständnis können hierzu gezählt werden.

Zum anderen bieten die Rezepte aus aller Welt Schülern, die unterschiedliche Kompetenzen im Bereich der Synthese, Analyse und Sinn- bzw. Informationsentnahme bereits erworben haben, Möglichkeiten, ihre Fähigkeiten anzuwenden, zu üben und zu erweitern. Durch den Handlungszusammenhang und die bildliche Darstellung von Arbeitsschritten wird die Informationsentnahme beim Lesen zusätzlich unterstützt.

Dies geschieht beim Kochen in einem handlungsorientierten, lebensweltbezogenen Zusammenhang, sodass die Bedeutung der Lesefähigkeit für Schüler einsichtig wird.

Sprachförderung

Der natürliche Spracherwerb vollzieht sich in Alltagssituationen, in denen kommunikative Prozesse notwendig sind. In diesen (Sprachhandlungs-)Situationen kommen die unterschiedlichen Ebenen des Spracherwerbs zum Tragen.

Das Kochen in einer Kleingruppe stellt einen solchen Rahmen dar. Je nach kommunikativen Fähigkeiten lassen sich im Kochunterricht vielfältige Zielsetzungen im Bereich der Sprachebene *Kommunikation-Pragmatik* verfolgen: Absprachen werden getroffen, eigene Absichten versprachlicht, Gesprächsregeln eingehalten etc., um den Kochprozess gemeinsam gestalten zu können.

Der benötigte Wortschatz kann vorbereitend erarbeitet werden. Es folgen einige Spielformen, die wir im Unterricht für den Zweitspracherwerb mit den Rezepten durchgeführt haben:

- *Gegenstände beschreiben:* Einige Küchengeräte oder Zutaten liegen in der Tischmitte (Gegenstand oder Bildkarte). Ein Schüler sucht sich einen Gegenstand aus, ohne diesen den anderen Schülern zu verraten, und beschreibt ihn nach Eigenschaften und Verwendungsmöglichkeit. Wer den Gegenstand errät, ist als Nächster an der Reihe.

- *Arbeitsvorgang beschreiben:* Ein komplexer Arbeitsvorgang wird in den Einzelschritten bildlich präsentiert. Ein Schüler beschreibt das detaillierte Vorgehen.

- *KIM-Spiele:* Aus einer Bildfolge werden Bilder entfernt oder vertauscht. Die Schüler stellen Vermutungen an, welche Bilder vertauscht oder entfernt wurden und begründen ihre Meinung.

- *Fühlspiele:* Küchengeräte oder Lebensmittel werden in einer Fühlkiste versteckt. Ein Schüler erfühlt die Gegenstände und beschreibt sie. Die übrigen Schüler müssen sie erraten.

Weiterführend können mit Spielformen wie *Nanu? Ich denk, da liegt ein Schuh* oder *Memory* noch unsicher erworbene Begriffe gefestigt werden.

Grundsätzlich ist jede Spielform möglich, die mit Bildkarten oder konkreten Gegenständen gespielt werden kann. Wichtig ist es, das richtige Anforderungsniveau und eine altersangemessene Spielform auszuwählen – dann spielen auch Schüler der 7. und 8. Klasse unserer Erfahrung nach noch sehr gerne.

Es wurde bereits erwähnt, dass wir neben dem Erlernen des Kochens viele andere Zielsetzungen sehen, die mit den vorliegenden Rezepten erarbeitet werden können. Hierzu lohnt es sich, Unterricht einmal nicht fachspezifisch, sondern andersherum aus der Sicht eines Vorhabens themenorientiert und fächerübergreifend zu planen. Diese Art der Planung lässt sich beispielsweise im Rahmen einer Projektwoche oder eines Vorhabenunterrichts, wie er an der Schule für Schüler mit geistiger Behinderung üblich ist, gut verwirklichen.

Unabhängig vom Fachunterricht werden in der Schule Kompetenzen vermittelt, die die Schüler in ihrer persönlichen Entwicklung fördern und sie dazu befähigen, die alltäglichen Anforderungen ihres Lebens zu bewältigen (vgl. Lehrplan für die Sekundarstufe I des Landes Schleswig-Holstein). Mehr und mehr rücken solche *entwicklungsorientierten Zielsetzungen und Methodenkompetenzen* in den Fokus schulischen Lernens. Hier wollen wir anknüpfen und aufzeigen, welche solcher Kompetenzen mit den vorliegenden Rezepten gefördert werden können.

Dabei richten wir uns nach der Einteilung in Selbstkompetenz, Sozialkompetenz, Methodenkompetenz und Sachkompetenz, wie sie in den Lehrplänen des Landes Schleswig-Holstein vorgenommen und konkretisiert werden.

- *Selbstkompetenz:* Differenzierte Wahrnehmungsfähigkeit ist die Voraussetzung, um dargebotene Informationen aufzunehmen, die durch unterschiedliche Aspekte von Denktätigkeit wie z. B. Erkennen (Interpretieren von Bildern und Bildsequenzen), Symbolisieren (Konkretisieren von Text- oder Bildinformationen in Handlung) und Gestalten (Planen und Koordinieren von Arbeitsprozessen) in eigens geplante und koordinierte Handlungen umgesetzt werden.

- *Sozialkompetenz:* In einer Kleingruppe eigene Absichten zu äußern, diese abzusprechen, Aspekte und Bedürfnisse weiterer Personen wahrzunehmen und in eigene Überlegungen einzubeziehen, eigene Bedürfnisse durchzusetzen oder zurückzustellen, um Einigungsprozesse zu erzielen, sind notwendige Fähigkeiten für das friedliche, zielgerichtete und erfolgreiche gemeinschaftliche Arbeiten. Diese Kompetenzen sind Inhalte für Begriffe wie Teamfähigkeit, welche in der heutigen Arbeitswelt in vielen Berufen vorausgesetzt werden.

- *Methodenkompetenz:* Lesen, Nachschlagen, Kontrollieren von Arbeitsvorgängen (Abhaken), Planen von Zeit- und Handlungsabläufen, Organisieren des Arbeitsplatzes, mit schriftlichen oder bildlichen Anleitungen umgehen sind Kompetenzen, die in vielen Situationen des alltäglichen, schulischen oder beruflichen Lebens erforderlich sind und beim Umgang mit den Rezepten im Kochunterricht geübt werden können.

- *Sachkompetenz:* Unter Sachkompetenzen können im Hauswirtschaftsunterricht handwerklich-technische Fähigkeiten sowie ein spezifisches Fachwissen verstanden werden. Zielsetzungen hierzu haben wir in diesem Kapitel bereits aufgeführt (s. S. 14).

Außer- und vorschulische Angebote

Neben der Beaufsichtigung von Kindern zählen Bildungsangebote vermehrt zu den Aufgaben in schulischen und außerschulischen Betreuungsangeboten sowie Kindergärten und Kindertagesstätten. Fähigkeiten, die durch die Veränderung unserer Gesellschaft teilweise nicht mehr im häuslichen Umfeld erlernt werden, können dort durch gezielte Freizeit- oder Lernangebote vermittelt werden.

In Kindertagesstätten ist es üblich, mit Kindern zu backen oder kleinere Speisen zuzubereiten. So werden z. B. motorische Fähigkeiten geschult, Lebensmittel kennengelernt sowie gemeinschaftlich gearbeitet und gegessen. Die Rezepte aus aller Welt können in diesem Kontext einen Anlass geben, zusätzlich Lesekompetenzen im weiteren Sinne anzubahnen (s. S. 14 f.).

Auch im Rahmen von Arbeitsgemeinschaften und Projekten, die am Nachmittag durch schulergänzende oder außerschulische Einrichtungen angeboten werden, können die Rezepte aus aller Welt mit den bereits aufgeführten Zielsetzungen gut angeboten werden, um Kindern und Jugendlichen lebenspraktische Kompetenzen zu vermitteln.

4. Methodische Umsetzung

In den folgenden Ausführungen wollen wir darstellen, wie die Rezepte aus aller Welt in den Kochunterricht eingebunden werden. Welche Arbeitsweisen ermöglichen sie in einer durch das Vorhaben Kochen klar vorgegebenen Unterrichtsstruktur?

Vorbereitung der Rezepte und Zusatzmaterialien

Um alle methodischen Möglichkeiten des vorliegenden Arbeitsmaterials nutzen zu können, sollten die Arbeitsmaterialien wie folgt vorbereitet werden:

- Trennen Sie die Rezepte aus dem Heft heraus oder drucken Sie sie, nach Möglichkeit, auf 100–160 g Papier aus.
- Am besten ist es, die Rezepte zu laminieren. Sie können sie aber auch in Klarsichthüllen einlegen.
- Drucken Sie die benötigten Zusatzmaterialien von der DVD-ROM aus (s. S. 24) und laminieren Sie diese.
- Sie benötigen noch einen Folienstift (non permanent) bzw. Klebepunkte und eine Klebemasse wie z. B. Patafix.

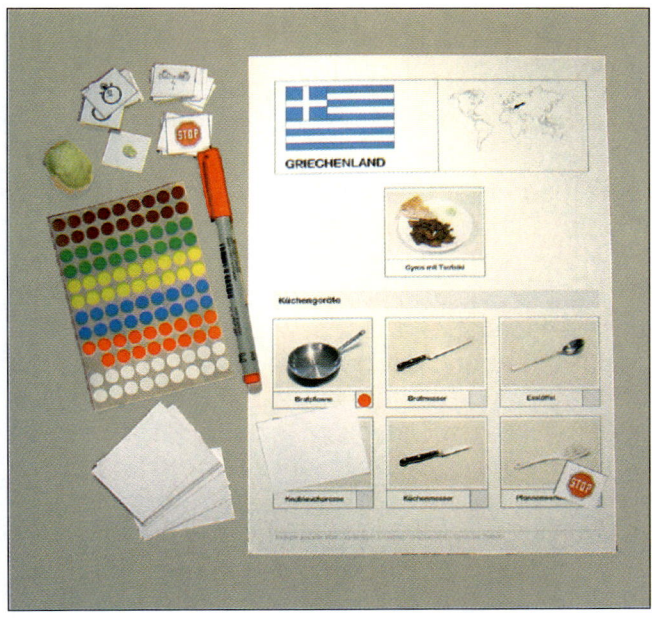

Vorbereitete Rezepte mit Zusatzmaterialien

Das Laminieren schützt die Rezepte vor eventuellen Unfällen in der Küche, ermöglicht das Aufkleben von kleinen Bildkarten und Piktogrammen mit Klebeknetmasse sowie das Beschriften mit einem Folienstift.

Sollten Sie einer Lerngruppe während des Kochens einen Folienstift zur Verfügung stellen, müssen die Schüler in der Lage sein, diesen ausschließlich zum Abhaken zu verwenden und ihn anschließend sofort wieder zu verschließen und wegzulegen. Andernfalls findet sich der Stift unter Umständen offen zwischen den Zutaten wieder und gibt dem Essen wohlmöglich eine unerwartete Färbung.

Alternativ zum Folienstift können kleine Klebepunkte zur Selbstkontrolle verwendet werden, die in das Abhakfeld eingefügt werden können.

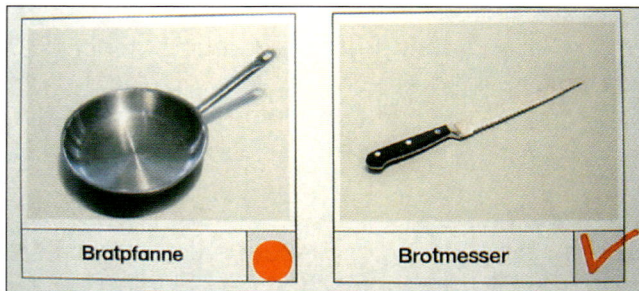

Abhaken mit Folienstift und Klebepunkt

Einführung von Bild- oder Bildtextrezepten in den Unterricht

Um den Umgang mit Bild- bzw. Bildtextrezepten zu erarbeiten und bestimmte methodische Vorgehensweisen zu etablieren, sollten die fachlichen Anforderungen an die Schüler zunächst gering und die Motivation möglichst hoch sein. So können die Schüler den Großteil ihrer Aufmerksamkeit auf den Umgang mit der neuen Form der Rezepte richten.

In der Praxis hat sich gezeigt, dass sich hierzu z. B. die Gerichte Hot Dog, Pizza oder Hamburger eignen. Diese Rezepte sind bei Schülern sehr beliebt, stellen geringe bis mittlere fachliche Anforderungen an die Schüler und erbringen so eine hohe Bereitschaft an konzentrierter Mitarbeit im Unterricht. Sobald die Umgangsweise mit Bild- bzw. Bildtextrezepten bekannt ist, können komplexere Rezepte zubereitet werden.

Auf dem Weg zum selbstständigen Umgang mit einem Textrezept ist es durchaus sinnvoll, ein Gericht in größeren Abständen mehrfach zubereiten zu lassen und lediglich das Präsentationsniveau des Rezeptes zu verändern. So können

Methodische Umsetzung

Schüler bereits erworbene Kompetenzen in den Arbeitsprozess mit einfließen lassen.
Im Kochunterricht ergibt sich durch die feststehende Reihenfolge von Vorbereitung, Zubereitung, Verzehr und Reinigung eine gewisse didaktische Schrittfolge der Arbeitsvorgänge von selbst:

1. Einkauf
2. Theoretische Erarbeitung
3. Kochvorbereitung
4. Zubereitung
5. Verzehr
6. Reinigung
7. Reflexion

Im Weiteren sollen Anregungen und Möglichkeiten aufgezeigt werden, wie Text-, Bildtext- oder Bildrezepte in einzelnen Unterrichtsphasen eingesetzt werden können:

Zu 1. Einkauf:
Für den Fall, dass der Einkauf mit den Schülern gemeinsam durchgeführt wird oder die Schüler den Einkauf selbstständig erledigen, bietet die Zutatenliste in allen Präsentationsniveaus einen guten Einkaufszettel. Es ist nicht mehr selbstverständlich, dass Schüler diese Erfahrungswerte zu Hause sammeln. Die Orientierung im Supermarkt, das Kennen gängiger Verpackungen und Verpackungseinheiten, das Erkennen des Verhältnisses von Verpackungseinheit und benötigter Gesamtmenge etc. können handlungsorientiert erlernt werden. Lässt der Schulvormittag keine Gelegenheit, mit den Schülern einkaufen zu gehen, kann dies auch in einem schulischen oder schulergänzenden Nachmittagsangebot realisiert werden.

Zu 2. Theoretische Erarbeitung:
Nach unseren eigenen Erfahrungen und den Auskünften von Fachkollegen gibt es zu Beginn einer Kochstunde meist eine theoretische Unterrichtsphase, in der fachbezogene Kenntnisse vermittelt werden und zusätzlich das Gericht, welches gekocht werden soll, besprochen wird. So sollen die Schüler im Vorfeld eine Vorstellung von der Zubereitung des Gerichtes erhalten.
Häufig wird diese Zielsetzung aus unserer Sicht von vielen Schülern jedoch nicht erreicht, da ihnen verschiedene Faktoren die Teilnahme an dieser Unterrichtsphase erschweren. Mangelnde Aufmerksamkeit in einer lehrerzentrierten Phase,

nicht ausreichende Lesefähigkeiten, zu geringe Abstraktionsfähigkeit, wenig Möglichkeiten zur eigenen Beteiligung etc. sind Faktoren, die in ihrer Kombination viele Schüler aus dieser Unterrichtsphase „aussteigen" lassen. Erste Konflikte sind somit schon zu Beginn einer zwei- bis dreistündigen Unterrichtszeit möglich. Häufig tragen sich solche Konflikte durch den gesamten weiteren Unterricht und es entstehen weitere Schwierigkeiten.

Die folgenden Materialien sollen eine Möglichkeit aufzeigen, wie den oben genannten Faktoren entgegengewirkt werden kann.
Zunächst stellen wir eine Form der selbstständigen Erarbeitung eines Rezeptes im Bildtextleserniveau vor:

Materialien zur selbstständigen Erarbeitung

Um diese Arbeitsmaterialien zu erstellen, wählen Sie ein Bildtextrezept zur individuellen Bearbeitung von der DVD-ROM (s. S. 24, Anleitung zur DVD-ROM) aus und drucken das Rezept einmal aus. Anschließend löschen Sie alle Bilder aus dem Rezept und drucken die leeren Rahmen mit den noch vorhandenen Texten ebenfalls aus. Nun laminieren Sie beide Rezepte. Jetzt müssen Sie nur noch die Bilder aus dem vollständigen Rezept ausschneiden. Dies geht mit einer Papierschneidemaschine relativ zügig. Mit einer entsprechenden Klebemasse können nun die Bildkärtchen an beliebige Stellen in die freien Rahmen der Rezepte eingeklebt und wieder entfernt werden.
Der relativ hohe Arbeitsaufwand lohnt sich spätestens bei der zweiten Verwendung der Materialien.

Methodische Umsetzung

Was ist der Vorteil dieser Arbeitsmaterialien?

Anstatt die Zubereitungsfolge mündlich und durch die Lehrkraft angeleitet mit den oben angeführten Schwierigkeiten zu erarbeiten, können sich die Schüler handelnd, auf bildlichem, textlichem und sprachlichem Niveau die Reihenfolge der Zubereitung selbst erschließen. Hierzu fügen die Schüler die Bildkarten in der richtigen Reihenfolge in die leeren Rahmen des Rezeptes ein. Führt man diese Unterrichtsphase in Zweier- oder Dreiergruppen durch, findet in den meisten Fällen durch angeregte Diskussionen über die Bildreihenfolge bereits eine intensive Auseinandersetzung mit dem Zubereitungsprozess statt. Eine gedankliche Orientierung wird so für viele Schüler im Vorwege möglich.

Zudem arbeiten die meisten Schüler mit diesen Arbeitsmaterialien sehr motiviert und unterrichtsbezogen.

Schwierig ist es natürlich, alle Bilder durch die Schüler in die richtige Reihenfolge bringen zu lassen. Es ist möglich, je nach Kompetenz und Erfahrung der Lerngruppe, an verschiedenen Stellen bereits Bilder einzufügen, um den Schülern Orientierungspunkte zu geben.

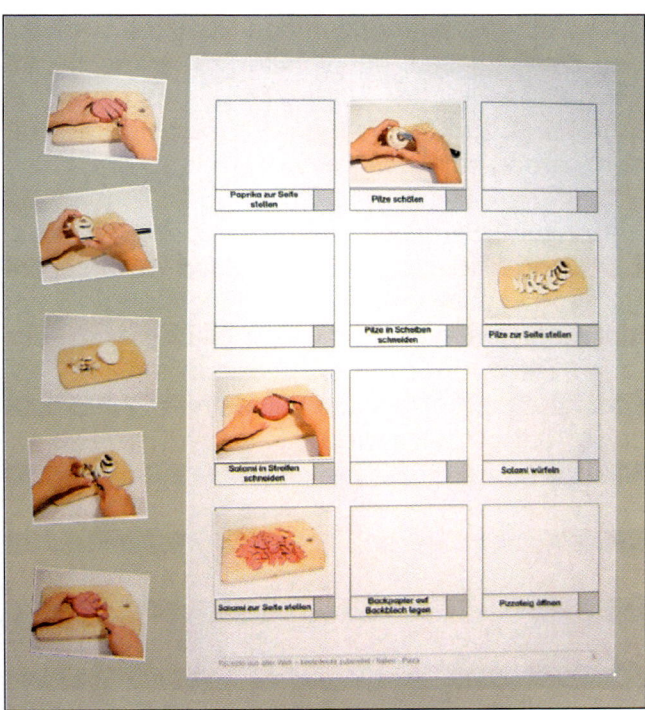

Orientierungsbilder für Schüler

Je nach Zielsetzung und Kompetenz der Schüler sind in dieser oder ähnlicher Form vielfältige kochvorbereitende Unterrichtssequenzen mit den Materialien der vorliegenden Rezepte denkbar. Beispiele:

- Erarbeitung von Begrifflichkeiten durch verschiedene Spielformen mit den Bildkarten (Memory, Beschreibungsspiele, Nanu? Ich denk, da liegt ein Schuh, s. S. 15)
- Erarbeitung der Reihenfolge einzelner Arbeitsprozesse (Bilder des Arbeitsschrittes *Tomate schneiden* müssen in die richtige Reihenfolge gebracht werden)
- Aus einer durch Bilder präsentierten Reihenfolge eines Arbeitsprozesses werden einzelne Arbeitsschritte entfernt oder vertauscht. Ein anderer Schüler muss herausfinden, welcher Teilschritt fehlt oder an der falschen Stelle liegt.
- Zutaten und/oder Küchengeräte sollen aus den Arbeitsschritten herausgesucht und am Anfang in das Rezept eingefügt werden. Hierzu benötigt man ein Rezept, dessen Bilder oder Texte bei den Zutaten und/oder Küchengeräten fehlen, die Arbeitsschritte jedoch abgebildet sind. Handelt es sich um bildliche Präsentationen, werden zusätzlich Bildkarten von Zutaten und Küchengeräten benötigt, die nicht zum jeweiligen Rezept gehören, damit nicht von vornherein klar ist, dass alle Bilder eingefügt werden müssen.
- Anhand eines vorliegenden Bildtextrezeptes soll ein Textrezept erstellt werden. Vorlagen hierzu finden Sie auf der DVD-ROM im Ordner Zusatzmaterialien, s. S. 24.
- Bildkarten von den Zutaten und Karten von den Preisen liegen auf dem Tisch und sollen zugeordnet werden (mehrere Spielformen möglich).
- Kostenberechnungen können erstellt werden: Wie viel kostet das gesamte Essen? Wie teuer ist das Essen pro Person? usw.
- Mit den Piktogrammen Uhr, Lappen und Stoppschild können Planungen für den folgenden Arbeitsprozess vorgenommen werden.

Piktogramme zur Planung von Arbeitsprozessen

Sie finden diese Piktogramme auf der DVD-ROM im Ordner Zusatzmaterialien (s. S. 24). Drucken Sie die Piktogramme einfach aus und laminieren Sie diese. Dann können Sie sie mit Klebemasse flexibel in die Rezepte einfügen und wieder entfernen.

Neben diesen Beispielen fallen Ihnen sicherlich noch weitere Möglichkeiten ein, die für Ihre Schülergruppe geeignet sind. Wir haben die Erfahrung gemacht, dass eine altersangemessene spielerische Erarbeitung in dieser Unterrichtsphase eine hohe Motivation sowie eine gute strukturelle Vorbereitung für den weiteren Unterrichtsverlauf mit sich bringt.

Zu 3. Kochvorbereitung:
Unter der Kochvorbereitung soll hier das Heraussuchen der benötigten Küchengeräte sowie die Portionierung der Lebensmittel für die Gruppen verstanden werden. Hierzu verwenden die Schüler ihre Rezepte. Anhand der Bilder oder Texte richten sie ihren Arbeitsplatz ein. Zur Selbstkontrolle benutzen die Schüler die Abhakfelder entweder mit einem Folienstift oder durch das Aufkleben eines kleinen Klebepunktes.
Einige Zutaten müssen vor dem Kochen unter den Schülergruppen aufgeteilt werden. Je nach Zeit und Kompetenzen einer Lerngruppe messen und teilen die Schüler die Lebensmittel nach den Angaben im Rezept selbst oder man stellt sie schon portioniert bereit. Durch das Vorbereiten der Portionen durch die Lehrkraft kann es dazu kommen, dass einige Arbeitsschritte in den Rezepten überflüssig werden, wie z. B. das Abgießen von Mais. Diese Arbeitsschritte können dann im Vorfeld durch Abhaken oder Durchstreichen als bereits erledigt gekennzeichnet werden.
Eine weitere Möglichkeit, die Rezepte in dieser Unterrichtsphase einzusetzen, ist, einzelne Arbeitsprozesse nach Bildvorlage, z. B. das Schälen einer Gurke, von einem Schüler vormachen zu lassen und die Gurke anschließend aufzuteilen.

Zu 4. Zubereitung:
Während des Kochens schauen sich die Schüler das Rezept gemeinsam an, teilen Aufgaben unter sich auf, führen die Arbeitsprozesse durch und haken diese anschließend ab. Unsere Erfahrungen haben gezeigt, dass es aus Gründen der Hygiene besser ist, die Rezepte möglichst nicht direkt am Zubereitungsbereich zu platzieren, wenn mit einem Folienstift gearbeitet wird. Bei der selbstständigen Erarbeitung z. B. eines Schneidevorganges mit einem Bild- oder Bildtextrezept ist es jedoch hilfreich, die Bilder des Rezeptes direkt betrachten zu können. Ist dies im Vorwege abzusehen, sollte man auf die Verwendung eines Folienstiftes verzichten und auf Klebepunkte zurückgreifen. Oder man verzichtet in solchen Fällen komplett auf das Abhaken der erledigten Arbeitsschritte.

Für den selbstständigen Umgang mit den Rezepten aus aller Welt oder anderen Rezepten in der Präsentationsform Text ist es denkbar, für komplexere Arbeitsvorgänge eine Art Nachschlagewerk im Präsentationsniveau Bild- oder Bildtextleser bereitzustellen. Hierzu kann ein Ordner angelegt werden, in dem ausgewählte Arbeitsvorgänge wie z. B. Zwiebel schneiden und würfeln, Paprika schneiden oder Gurke schälen abgeheftet werden, sodass die Schüler diese während des Kochens nachschlagen können.

Arbeitet man mit mehreren Schülergruppen gleichzeitig, hat es sich als hilfreich herausgestellt, vor dem Beginn des Koch- oder Backvorgangs bei allen Schülergruppen ein Stopp-Symbol in das Rezept einzufügen. So kann vermieden werden, dass die Schüler zu unterschiedlichen Zeiten mit der Zubereitung ihres Gerichtes fertig sind und folglich nicht zusammen gegessen werden kann oder ein Essen kalt wird.

In Kapitel 2 *Bildleser* (s. S. 10) haben wir auf die Schwierigkeiten im Umgang mit den Rezepten im Präsentationsniveau Bildleser hingewiesen. Zum einen entstehen durch die Darstellungsform sehr lange Rezepte und zum anderen können Teilschritte einer komplexen Handlung nicht gleichzeitig betrachtet werden, wenn die Bilder in Ringbuchform abgeheftet sind.

Methodische Umsetzung

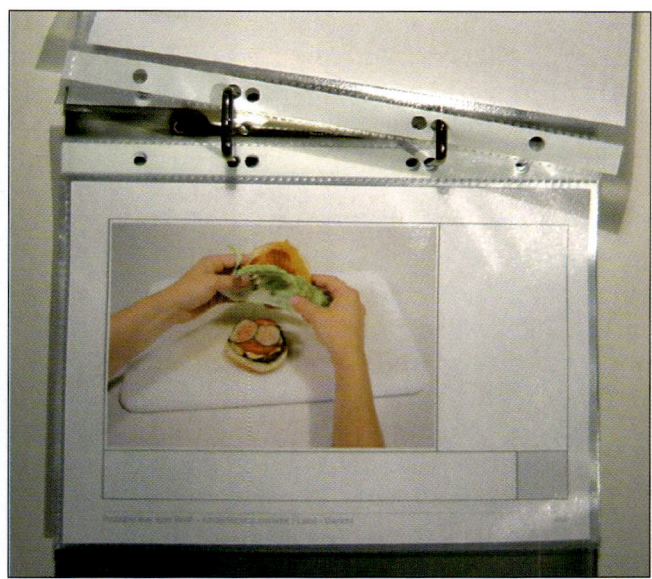

Bildleserezept im DIN-A5-Ringbuch

Hier stellen wir zwei Möglichkeiten vor, wie die Rezepte sinnvoll für den Zubereitungsprozess verwendet werden können.
Eine Möglichkeit ist es, die Bildanzahl des Rezeptes zu verringern. So könnte man für den Arbeitsprozess *Zwiebel schneiden* nur eins anstatt sechs Bilder verwenden. Auf diese Weise ließe sich das Rezept im Umfang stark reduzieren. Dies würde allerdings bei der Lerngruppe gute Fachkenntnisse voraussetzen (s. S. 6).
Eine andere Möglichkeit ist die Aufteilung einzelner Arbeitsschritte auf verschiedene Schüler. Ein Schüler schneidet z. B. die Zwiebeln und bekommt hierzu die entsprechenden Bildkarten nebeneinander vorgelegt. Da es sich in der Regel um 6–10 Bilder handelt, können sie auf dem Tisch befestigt werden, an welchem die Zubereitung stattfinden soll. So bereiten einzelne Schüler verschiedene Teile des Gesamtrezeptes zu. Der gesamte Kochprozess wird durch die Lehrkraft koordiniert.
Diese Form der Arbeitsweise stellt auch im vorschulischen Bereich gerade in Hinblick auf den Leselernprozess im weiteren Sinne (s. S. 14) eine altersangemessene und handlungsorientierte Fördermöglichkeit dar.

Zu 7. Reflexion:
Eine bei Schülern meist nicht sehr beliebte, aber äußerst nützliche Form der Reflexion ist, die Zubereitung nach Vorlage eines Bild- oder Bildtextrezeptes zu verschriftlichen. Da hierzu im Anschluss an das Kochen meist die Zeit zu knapp und die Motivation der Schüler für eine solche Aufgabe zu dieser Unterrichtszeit sehr gering ist, sollte diese Arbeit in einer folgenden Unterrichtsstunde (z. B. im Deutschunterricht) durchgeführt werden. Aus der Erinnerung und/oder mit der Unterstützung der Bild- bzw. Bildtextrezepte stellen die Schüler das Rezept in schriftlicher Form her. So vollziehen sie den Transfer auf ein höheres Präsentationsniveau, erinnern sich an den Kochvorgang und können das Rezept in schriftlicher Form mit nach Hause nehmen. Vorlagen zum Verschriftlichen der Rezepte finden Sie auf der DVD-ROM im Ordner Zusatzmaterialien (s. S. 24).
Des Weiteren eignen sich nahezu alle Spielformen, die auf Seite 15 beschrieben wurden, auch für die Reflexion des Kochunterrichtes.

5. Individualisierung

Die Umgestaltung und *Ausdifferenzierung von Arbeitsmaterialien* bekommt mit dem wachsenden Bestreben nach heterogenen Lerngruppen eine immer größere Bedeutung im schulischen Alltag. Diese Ausdifferenzierung ist mit einem gewissen Mehraufwand in der Unterrichtsvorbereitung verbunden, der sich jedoch langfristig reduzieren lässt, indem man flexible und wiederverwendbare Arbeitsmaterialien schafft. Ein solches Konzept haben wir für die Rezepte aus aller Welt gestaltet.

Vieles hierzu wurde bereits in den vorausgehenden Kapiteln beschrieben, sodass an dieser Stelle nur noch einige ergänzende Bemerkungen folgen.

Die Möglichkeit, dass Schüler unterschiedlichster Entwicklungsniveaus mithilfe der drei Präsentationsebenen der Rezepte aus aller Welt am gleichen Unterrichtsinhalt arbeiten können, ist sicherlich schon deutlich geworden. Offen geblieben sind evtl. noch Fragen dazu, wie man weitere Individualisierungen mit den fertig ausgedruckten Rezepten vornehmen kann, ohne für jede Anpassung an ein spezifisches Kompetenzniveau das Rezept erneut ausdrucken zu müssen.

Textleser:
Bei den Textrezepten finden sich wenige Möglichkeiten der individuellen Gestaltung, ohne das Rezept am PC zu bearbeiten und neu auszudrucken. Da die Textrezepte aber vergleichsweise kurz sind, schwarz-weiß ausgedruckt und kopiert werden können, nicht wiederverwendet und somit auch nicht laminiert werden müssen, sind der Aufwand und die Kosten für diese Form der individuellen Gestaltung überschaubar.

Das Textrezept ist bereits die höchste Stufe des Präsentationsniveaus. Das Hauptaugenmerk der Individualisierung richtet sich folglich auf die Form und den Umfang des Textes.

Textmenge und Informationsdichte stellen hier die entscheidenden Kriterien für die Formulierung von Arbeitsanweisungen dar (s. S. 6 f.).

Individualisierungen im Text können zum einen über die Art der Schrift (Schriftgröße, Druckschrift/Schreibschrift etc.) und zum anderen über die Komplexität des Ausdrucks (z. B. Klarheit/Einfachheit der Formulierungen) erreicht werden.

Bildtextleser:
Wie auch bei den Bildrezepten sind der Aufwand und die Kosten für den Ausdruck eines Bildtextrezeptes vergleichsweise hoch. So sollte es möglich sein, auch ohne einen erneuten Ausdruck eines Rezeptes Individualisierungen auf diesem Niveau vorzunehmen.

Um eine sukzessive Steigerung im Bereich des Präsentationsniveaus zu erreichen, können hierzu beispielsweise ausgewählte Bilder eines Rezeptes mit einer Karte überklebt werden, auf der eine schriftliche Arbeitsanweisung das Bild ersetzt. Der Schwierigkeitsgrad lässt sich über die Anzahl der überklebten Bilder oder die Auswahl der Bilder variieren. Es lassen sich lediglich die Küchengeräte und/oder die Zutaten auf diese Art durch Text ersetzen oder ganze Zubereitungspassagen werden in dieser Form ausgetauscht. Vorlagen für weiße Karten zur Beschriftung finden Sie auf der DVD-ROM im Ordner Zusatzmaterialien (s. S. 24).

Ersetzen von Bildern durch Text oder Abdeckkarten

Individualisierung

Auch ohne den Wechsel auf das höhere Textleser-Präsentationsniveau, können durch das Überkleben mit einer Karte Einzelschritte eines Arbeitsprozesses abgeklebt werden, sodass Teilschritte nicht ersehen werden können, sondern erinnert bzw. erschlossen werden müssen. Sie können natürlich auch die Rezepte am PC verändern und neu ausdrucken, um durch weniger Bilder zu einem Arbeitsschritt eine Steigerung des Schwierigkeitsgrades innerhalb eines Präsentationsniveaus und gleichzeitig eine niedrigere Seitenzahl der Rezepte zu erreichen.

Eine weitere Möglichkeit der Individualisierung ist die Verringerung des Umfanges eines Rezeptes. Um beispielsweise eine zeitliche Verkürzung der Zubereitung zu erreichen, könnten einzelne Schneidevorgänge von der Lehrkraft bereits vorbereitet worden sein. Genauso ist es denkbar, dass für die Lerngruppe zu schwierige Arbeitsvorgänge bereits vorbereitet wurden.
Auch hier können die entsprechenden Arbeitsschritte im Rezept mit Karten überklebt werden. So entsteht erst gar kein Erklärungsbedarf bezüglich der abgebildeten Arbeitsvorgänge im Rezept, die von den Schülern nicht mehr durchgeführt werden müssen.

Bildleser:
Wie bereits erläutert, eignet sich das Präsentationsniveau Bildleser für die Arbeit mit Kindern im vorschulischen Alter oder für Schüler, die in ihrer kognitiven Leistungsfähigkeit oder ihrer Wahrnehmungsfähigkeit eingeschränkt sind. Eine gute Möglichkeit der Individualisierung besteht hier darin, ausgewählte Arbeitsschritte durch verschiedene Schüler ausführen bzw. erarbeiten zu lassen, während die restliche Zubereitung durch die Lehrkraft begleitet oder selbst durchgeführt wird. Dies ist gut möglich, da jedes Bild auf einer einzelnen Seite dargestellt ist. So lassen sich die Arbeitsschritte eines Rezeptes gut auf mehrere Schüler verteilen. Weiterhin ist auf jeder Rezeptseite viel Platz für Piktogramme, die ergänzende Informationen geben können, wie z. B. Mengenangaben. Wir haben bewusst keine Piktogramme zur Verfügung gestellt, da an Schulen für Schüler mit geistiger Behinderung oft schon ein bekanntes Zeichensystem für Mengen etc. besteht. Diese bekannten Symbole oder Piktogramme können entweder auf die Bilder des Rezeptes aufgeklebt oder am PC in die Rezeptvorlagen eingefügt und anschließend ausgedruckt werden.

Vielleicht erscheinen Ihnen die Ideen zur individuellen Gestaltung der Arbeitsmaterialien sehr aufwendig, aber schon bei der zweiten Verwendung der Rezepte, wozu Sie die Materialien lediglich aus dem Regal nehmen müssen, können Sie sich auf eine gut und schnell vorbereitete Unterrichtsstunde mit motivierenden Arbeitsmaterialien freuen.

6. Anleitung zur DVD-ROM

Kurzanleitung für den versierten PC-Benutzer

Die Rezepte und Vorlagen liegen auf der DVD-ROM in den Ordnern *Fertige Rezepte (zum Ausdruck), Rezepte (zur Bearbeitung)* und *Vorlagen (für eigene Rezepte)* vor. Die fertigen Rezepte zum Ausdruck können im PDF-Format direkt ausgedruckt werden.

Die Rezepte zur individuellen Bearbeitung und die Vorlagen zur Erstellung eigener Rezepte liegen als Word-Dokumentenvorlagen in den Schriftarten Arial und Norddruck vor. Falls die Zusatzsymbolleiste nicht eingeblendet ist, kann Sie über den Menüpunkt *Ansicht/Symbolleisten* eingeblendet werden (Haken setzen). Der Umgang mit der zusätzlichen Symbolleiste ist intuitiv zu bewältigen. Nach Kategorien geordnet, werden dort rezeptspezifische Autotexteinträge (Texte, Bilder, Rahmen) zur Verfügung gestellt, die durch Anklicken eingefügt werden. Die Bilder können zum einen über die Zusatzsymbolleiste in die Rezepte eingefügt werden oder aber auch über das Menü *Einfügen/Grafik/Aus Datei* der Wordanwendung ausgewählt werden. Alle Bilder befinden sich hierzu in dem Ordner Bilder der DVD-ROM. Viel Spaß beim Ausprobieren!

Ausführliche Anleitung

Eine ausführliche Anleitung zur DVD-ROM finden Sie auf der DVD-ROM selbst.
Sie liegt im PDF-Format vor. Um die Datei zu betrachten, muss der Adobe Acrobat Reader, den Sie kostenlos im Internet downloaden können (www.adobe.com/de/), auf Ihrem PC installiert sein.
Legen Sie die DVD-ROM in das DVD-ROM-Laufwerk (Achtung: Nicht in das CD-Laufwerk legen.). Nach einem kurzen Moment öffnet sich das Startmenü der Rezepte aus aller Welt. Dort finden Sie den Menüpunkt *Anleitung*.

Startmenü der DVD-ROM

Klicken Sie auf diesen Menüpunkt. Es öffnet sich die ausführliche Anleitung zur DVD-ROM im PDF-Format. Sie können die Datei ausdrucken oder mit den Lesezeichen und Verweisen direkt durch das Dokument navigieren.
Sollte sich das Startmenü nicht von alleine öffnen, klicken Sie doppelt auf das *Arbeitsplatzsymbol* Ihres Desktops. In dem sich öffnenden Fenster klicken Sie doppelt auf das Symbol Ihres DVD-ROM-Laufwerks . Anschließend wird das Startmenü der DVD-ROM angezeigt.
Sollte sich das Startmenü der DVD-ROM immer noch nicht öffnen, gehen Sie bitte wie folgt vor, um die Anleitung zu lesen:
Legen Sie die DVD-ROM in Ihr DVD-ROM-Laufwerk. Klicken Sie doppelt auf das *Arbeitsplatzsymbol* Ihres Desktops. Klicken Sie mit der rechten Maustaste auf das Symbol Ihres DVD-ROM-Laufwerks und wählen aus dem geöffneten Kontextmenü den Befehl *Öffnen* aus. Klicken Sie doppelt auf den Ordner *Hilfe*. Anschließend klicken Sie noch doppelt auf die Datei *Anleitung.pdf*.

Die *Zusatzmaterialien*, die an verschiedenen Stellen des didaktischen Kommentars erwähnt werden, stehen auf der DVD-ROM im PDF-Format zur Verfügung. Wie Sie die Materialien ausdrucken können, lesen Sie in der Anleitung auf der DVD-ROM.

13 Rezepte aus aller Welt

Übersicht

Angola: Maisbrei 27

China: Gemüsepfanne 31

Dänemark: Hot Dog 37

Frankreich: Aligot 43

Griechenland: Gyros 51

Großbritannien: English Breakfast 57

Indien: Currypfanne 63

Italien: Pizza 73

Mexiko: Chili con Carne 79

Polen: Böhmische Kartoffelpuffer 85

Russland: Boeuf Stroganoff 91

Türkei: Börek 99

USA: Hamburger 107

Anmerkung: Zwischen den Arbeitsblättern im Buch und auf der DVD-ROM gibt es geringfügige Abweichungen, z. B. wurden im Buch aus Gründen der besseren Orientierung farbige Kopfzeilen eingefügt.

Angola: Maisbrei

ANGOLA

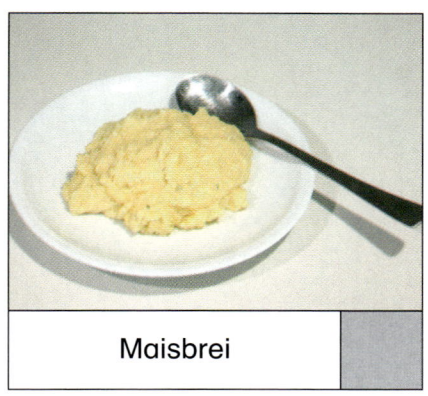

Maisbrei

Küchengeräte

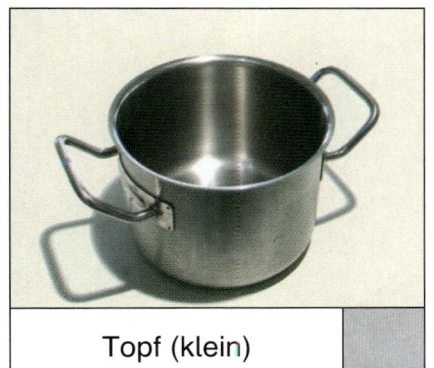

Topf (klein)

Messbecher

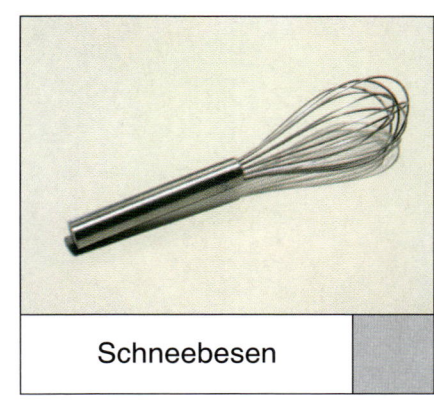

Schneebesen

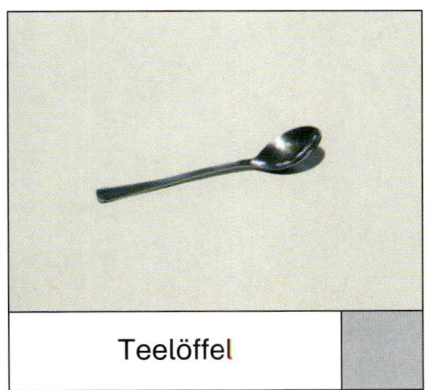

Teelöffel

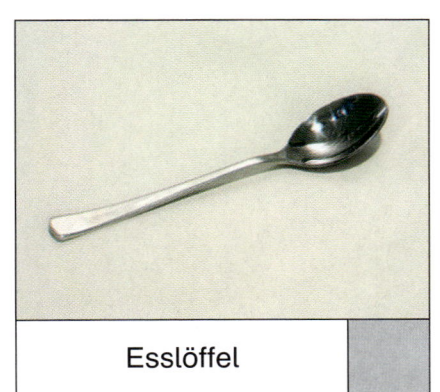

Esslöffel

Tasse

H. Kühl / C. Gerstenberg: Rezepte aus aller Welt – kinderleicht zubereitet
© Persen Verlag GmbH, Buxtehude

Angola: Maisbrei

Zutaten

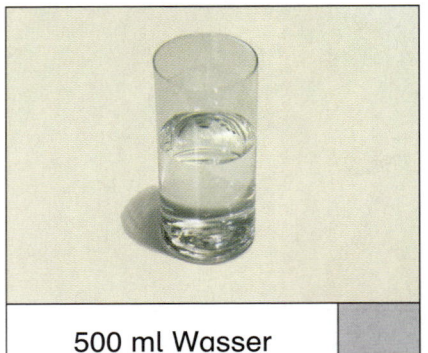
500 ml Wasser

1 TL Gemüsebrühe

6 EL Maismehl

1 Tasse Milch

Zubereitung

500 ml Wasser abmessen

Wasser in einen Topf geben

Wasser auf Stufe 3 zum Kochen bringen

1 TL Gemüsebrühe in das Wasser geben

Gemüsebrühe unterrühren

6 EL Maismehl dazugeben

Angola: Maisbrei

Maismehl gut verrühren

1 Tasse Milch abmessen

Milch in den Topf geben

Milch gut unterrühren

Herd ausschalten

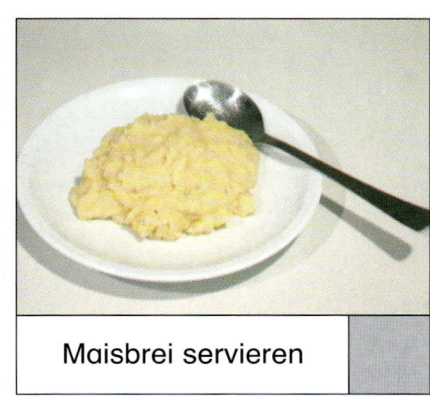
Maisbrei servieren

Darauf achte ich das nächste Mal besonders:

_____
_____
_____
_____
_____
_____

H. Kühl / C. Gerstenberg: Rezepte aus aller Welt – kinderleicht zubereitet
© Persen Verlag GmbH, Buxtehude

Angola: Maisbrei

Darauf achte ich das nächste Mal besonders:

China: Gemüsepfanne

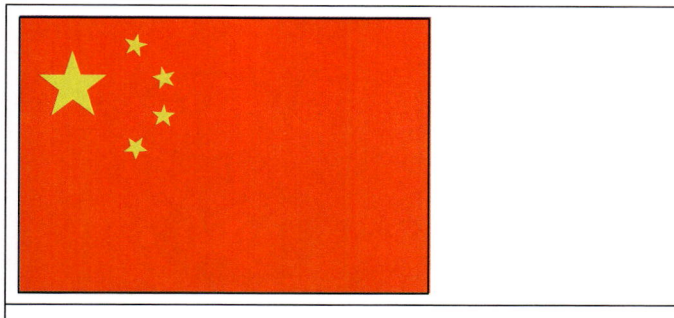

CHINA

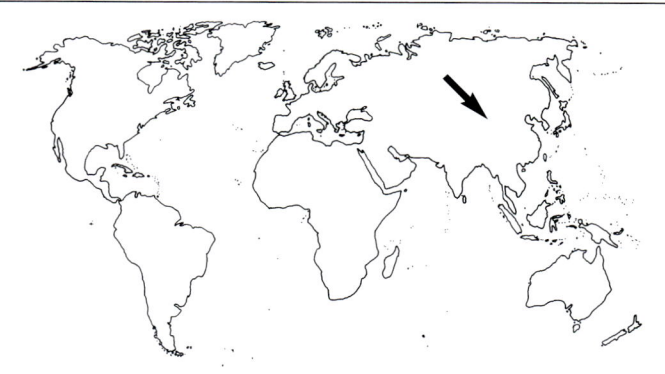

Gemüsepfanne

Küchengeräte

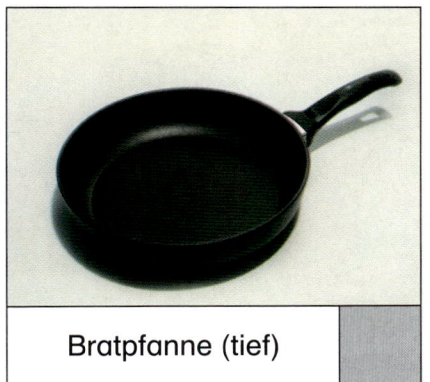

Bratpfanne (tief)

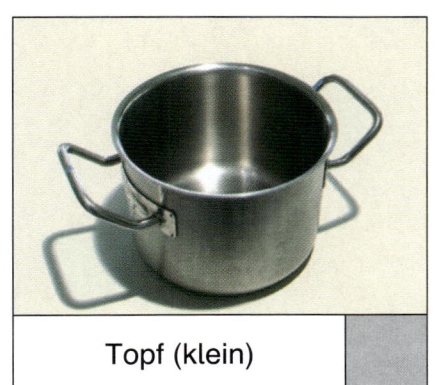

Topf (klein)

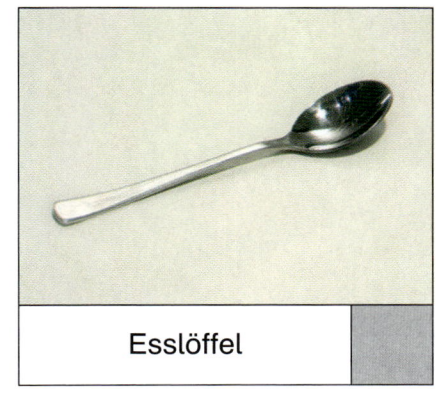

Esslöffel

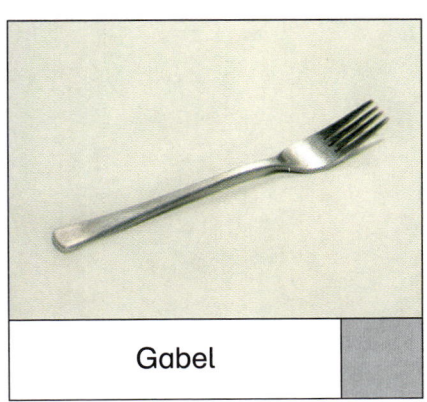

Gabel

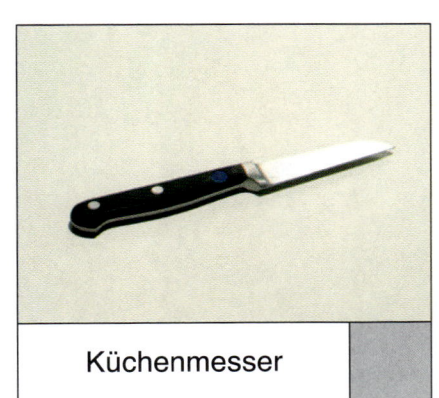

Küchenmesser

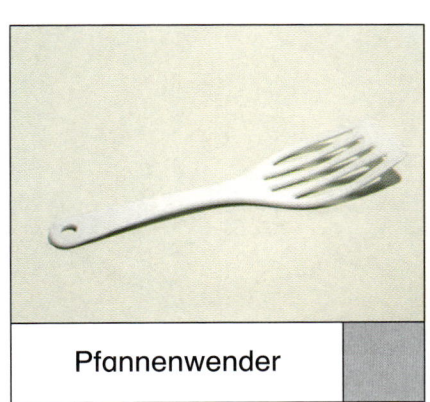

Pfannenwender

H. Kühl / C. Gerstenberg: Rezepte aus aller Welt – kinderleicht zubereitet
© Persen Verlag GmbH, Buxtehude

China: Gemüsepfanne

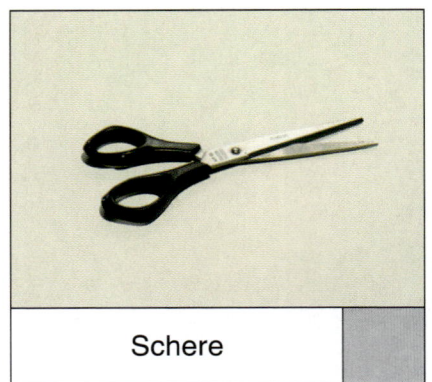
Schere

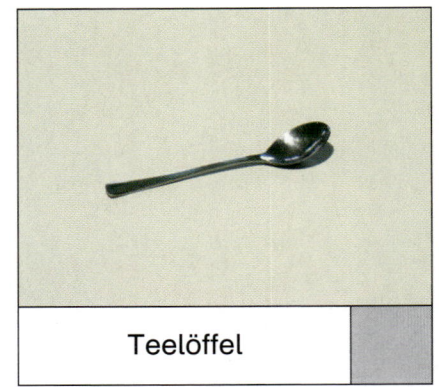
Teelöffel

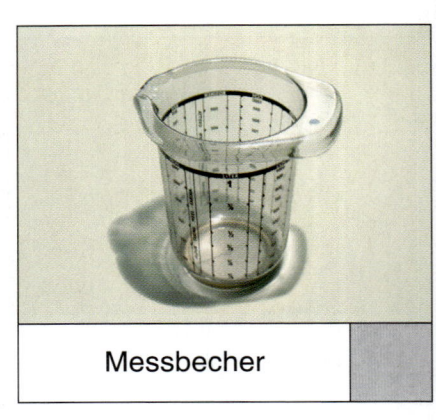
Messbecher

Schneidebrett (klein)

Teller (flach)

Zutaten

750 g Asiatisches Gemüse

1 Paprika

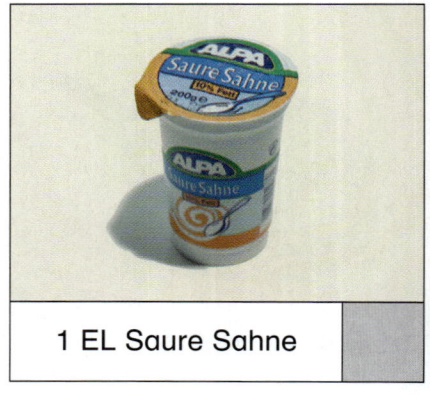
1 EL Saure Sahne

300 g Rindfleisch geschnetzelt

1 TL Gemüsebrühe

Pfeffer

China: Gemüsepfanne

1 TL Salz

4 EL Sojasoße

1 EL Öl

2 Beutel Reis

Zubereitung

Paprika waschen

Stiel und Kerne entfernen

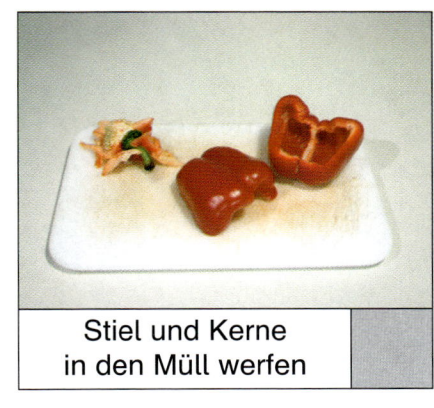
Stiel und Kerne in den Müll werfen

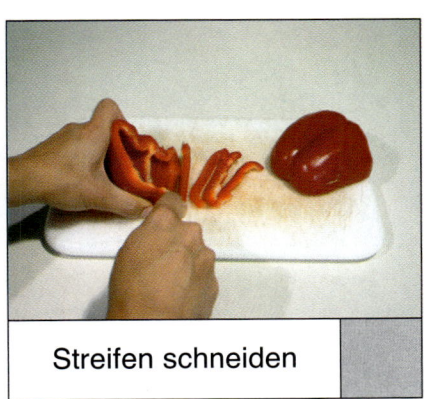
Streifen schneiden

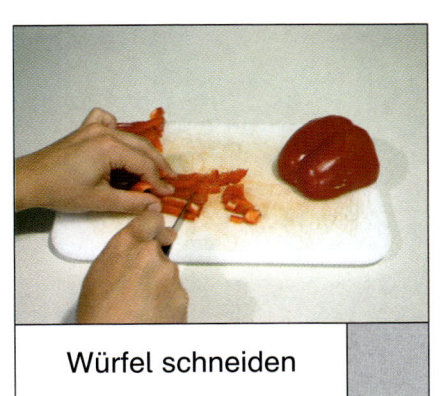
Würfel schneiden

Paprika bereitstellen

China: Gemüsepfanne

2 l Wasser abmessen

Wasser in einen Topf geben

Herd auf Stufe 3 stellen

1 TL Salz in das Wasser geben

Wasser zum Kochen bringen

2 Beutel Reis in das Wasser legen

Herd auf Stufe 2 stellen, Reis 20 Minuten garen

1 EL Öl in die Pfanne geben

Öl auf Stufe 3 heiß werden lassen

Rindfleisch in das heiße Öl geben

Rindfleisch pfeffern

Rindfleisch salzen

China: Gemüsepfanne

Rindfleisch leicht braun braten

Paprika in die Pfanne geben

Paprika etwa 2 Minuten anbraten

Gemüse mit in die Pfanne geben

Gemüse etwa 3 Minuten erhitzen

1 TL Gemüsebrühe auf das Gemüse streuen

4 EL Sojasoße dazugeben

1 EL Saure Sahne in die Pfanne geben

alles unterrühren

2 Minuten kochen lassen

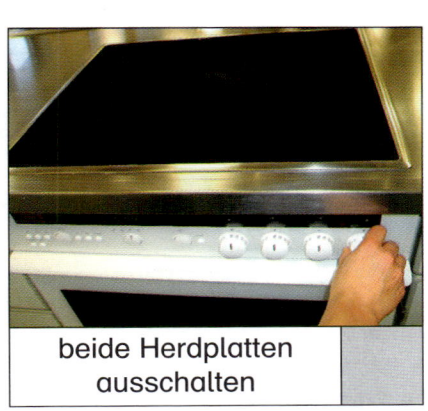
beide Herdplatten ausschalten

Reis mit einer Gabel aus dem Topf nehmen

China: Gemüsepfanne

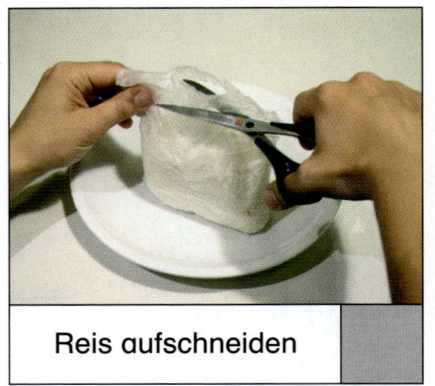
Reis aufschneiden

Reis auf einen Teller geben

Gemüsepfanne auf den Reis geben

Darauf achte ich das nächste Mal besonders:

_____
_____
_____
_____
_____
_____
_____
_____
_____
_____
_____

Dänemark: Hot Dog

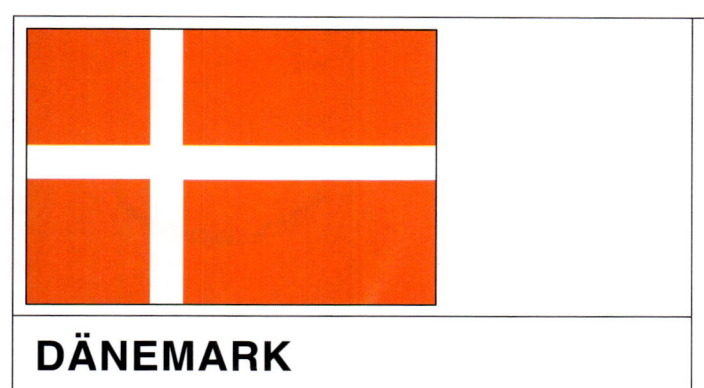

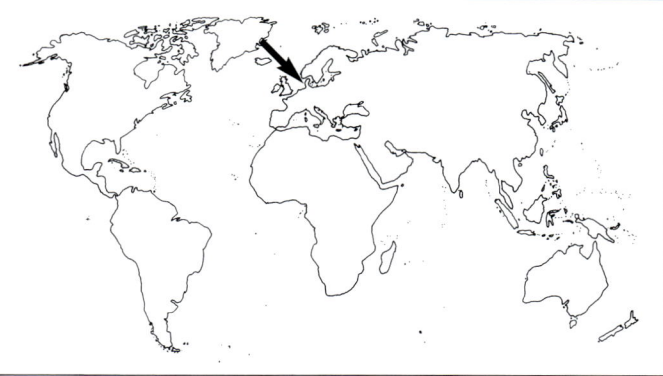

DÄNEMARK

Hot Dog

Küchengeräte

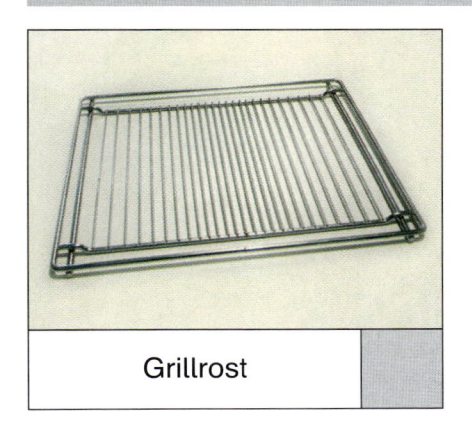

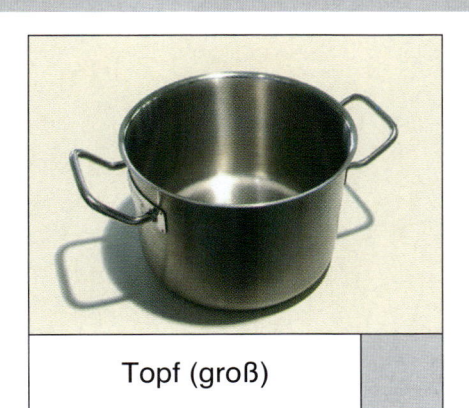

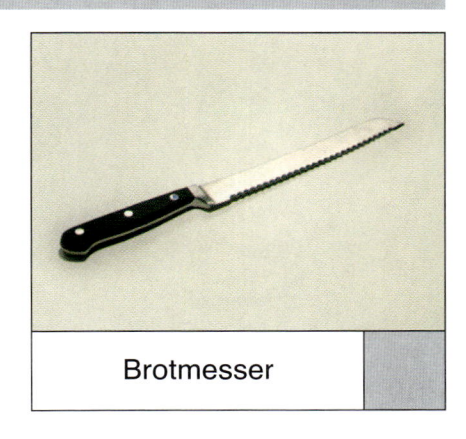

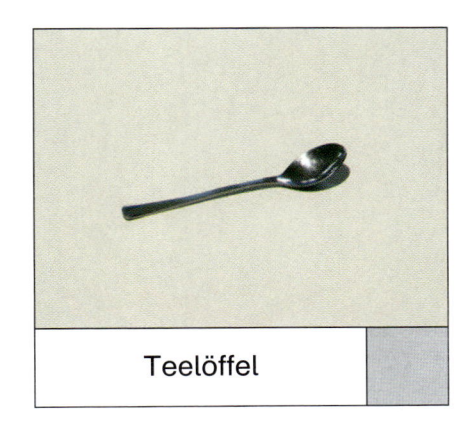

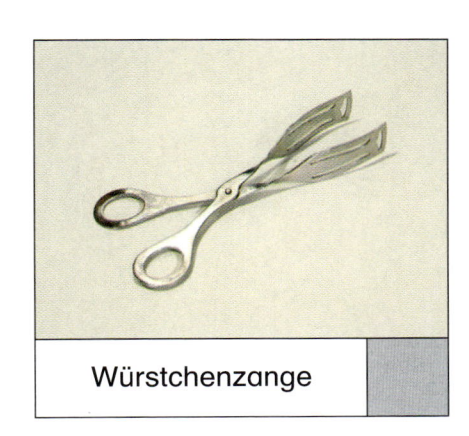

| Grillrost | Topf (groß) | Brotmesser |

| Gabel | Teelöffel | Würstchenzange |

H. Kühl / C. Gerstenberg: Rezepte aus aller Welt – kinderleicht zubereitet
© Persen Verlag GmbH, Buxtehude

Dänemark: Hot Dog

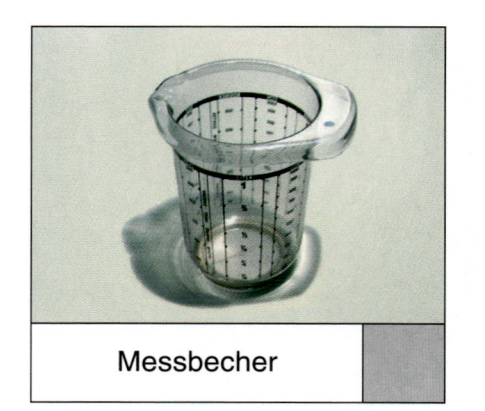

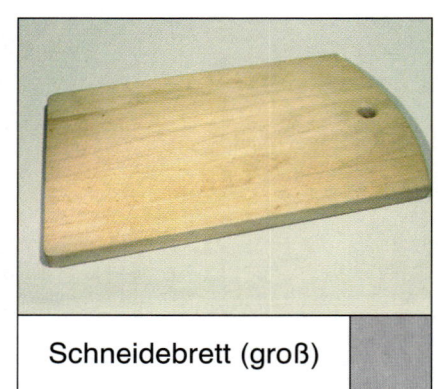

| Messbecher | Schneidebrett (groß) | Teller (klein) |

Zutaten

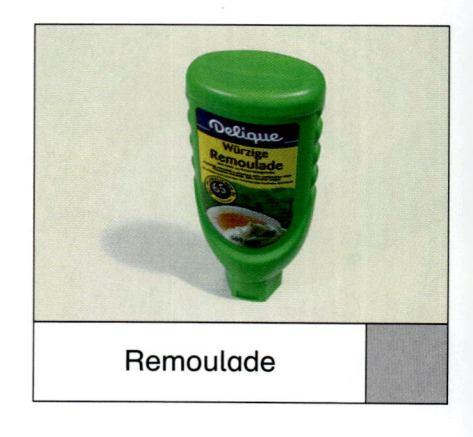

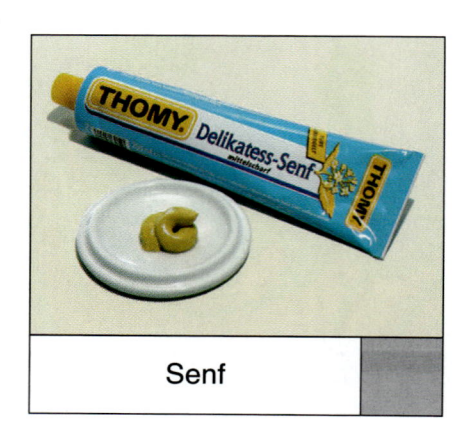

| Röstzwiebeln | Saure Gurken (Scheiben) | 4 Hot Dog Brötchen |

| 4 Würstchen | Ketchup | Remoulade |

| Senf |

Dänemark: Hot Dog

Zubereitung

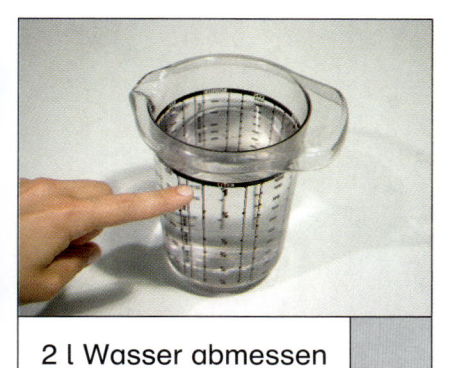

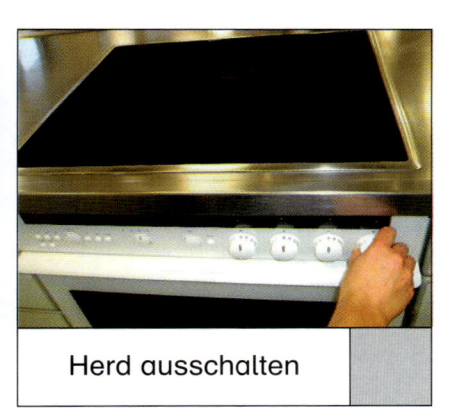

2 l Wasser abmessen	Wasser in den Topf geben	Wasser auf Stufe 3 zum Kochen bringen
Herd ausschalten	Würstchen in das heiße Wasser geben	
	Würstchen im heißen Wasser liegen lassen	Hot Dog Brötchen auf den Grillrost legen
Hot Dog Brötchen in den Ofen schieben	Ofen für 10 Minuten auf 200°C einstellen	Hot Dog Brötchen aus dem Ofen nehmen

H. Kühl / C. Gerstenberg: Rezepte aus aller Welt – kinderleicht zubereitet
© Persen Verlag GmbH, Buxtehude

Dänemark: Hot Dog

Hot Dog Brötchen auf ein Brett legen	Hot Dog Brötchen einschneiden	
	Würstchen aus dem Wasser nehmen	Würstchen in das Hot Dog Brötchen legen
Senf auf das Würstchen geben	Remoulade auf das Würstchen geben	Ketchup auf das Würstchen geben
	Röstzwiebeln darüber streuen	

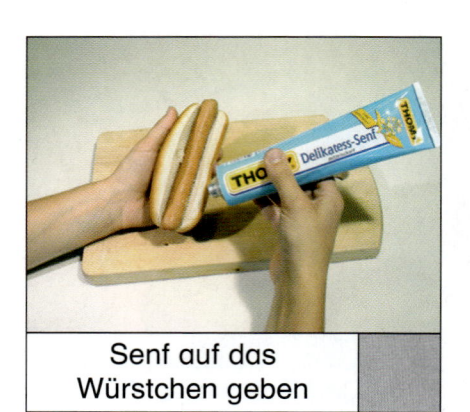

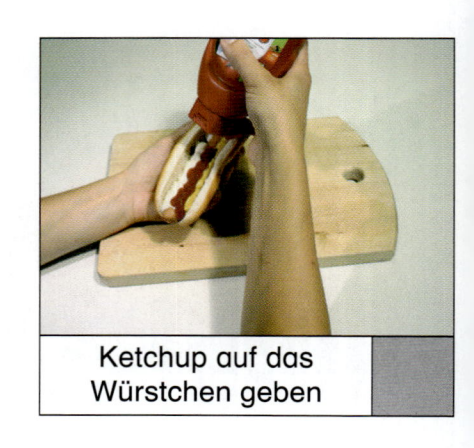

40

Dänemark: Hot Dog

saure Gurke auf die Zwiebeln legen		Hot Dog servieren

Darauf achte ich das nächste Mal besonders:

_____
_____
_____
_____
_____
_____
_____
_____
_____
_____
_____
_____
_____
_____
_____

Dänemark: Hot Dog

Darauf achte ich das nächste Mal besonders:

Frankreich: Aligot

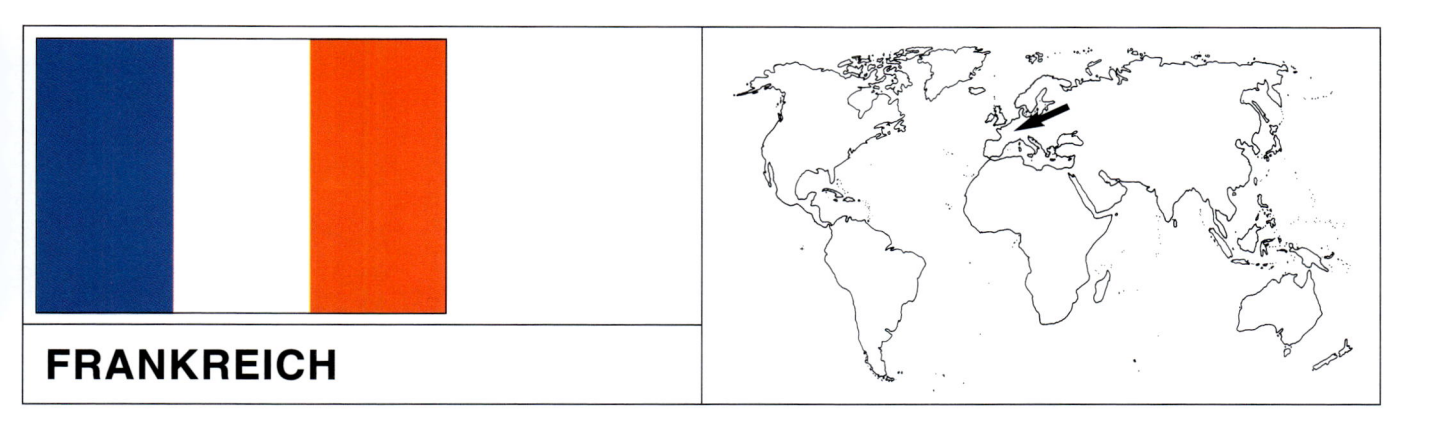

FRANKREICH

Aligot

Küchengeräte

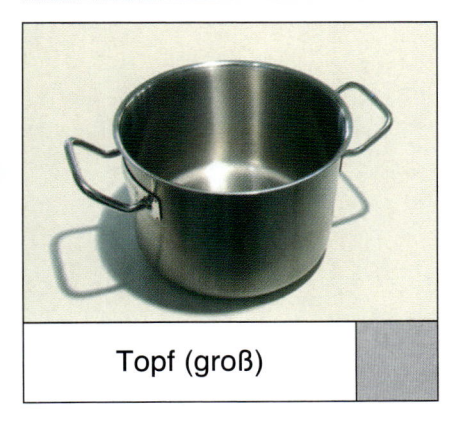

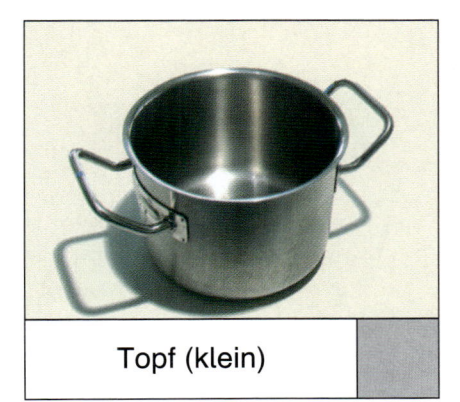

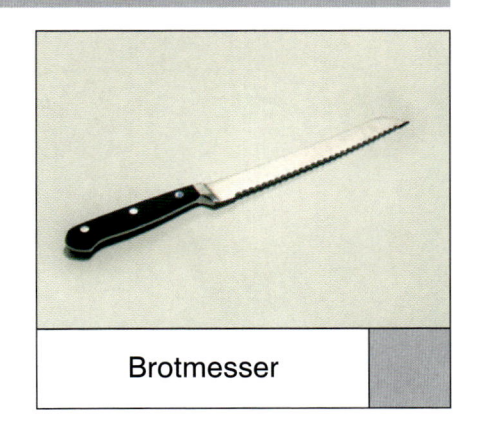

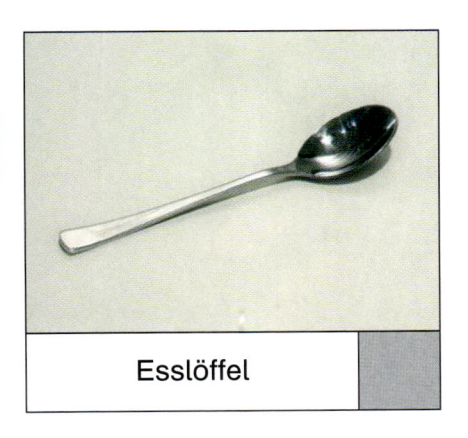

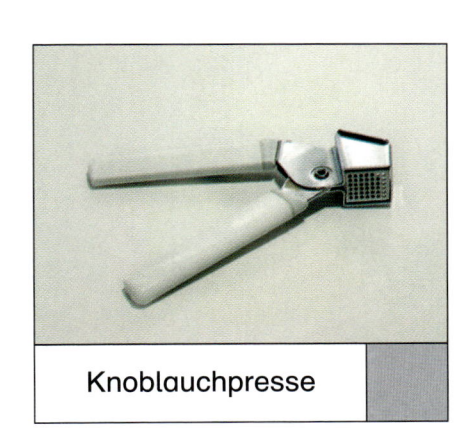

| Topf (groß) | Topf (klein) | Brotmesser |

| Esslöffel | Gabel | Knoblauchpresse |

H. Kühl / C. Gerstenberg: Rezepte aus aller Welt – kinderleicht zubereitet
© Persen Verlag GmbH, Buxtehude

Frankreich: Aligot

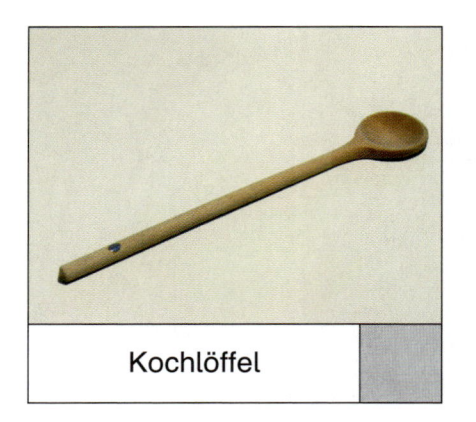

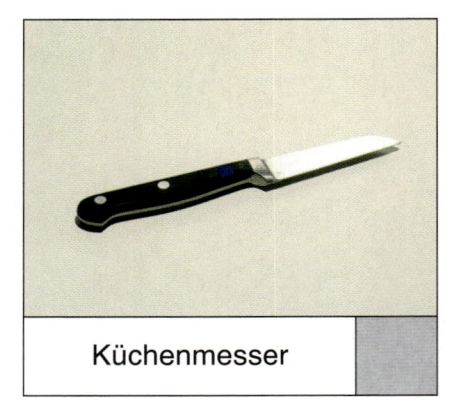

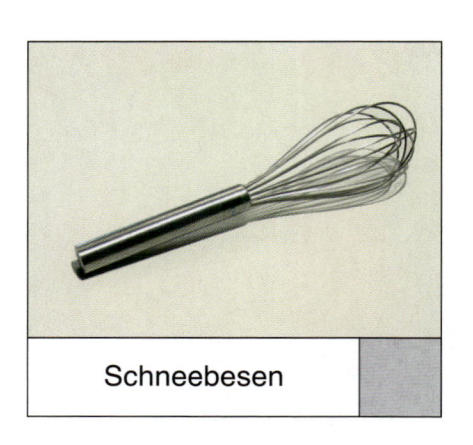

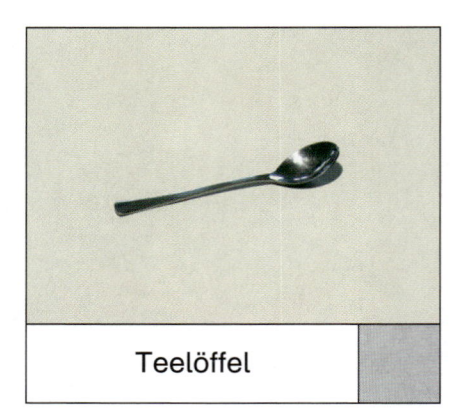

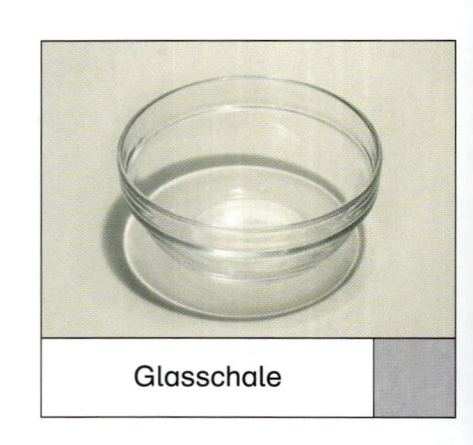

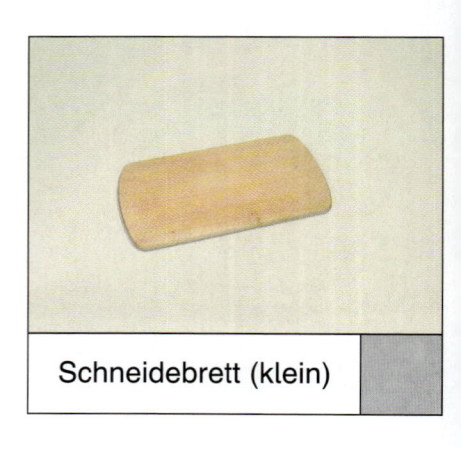

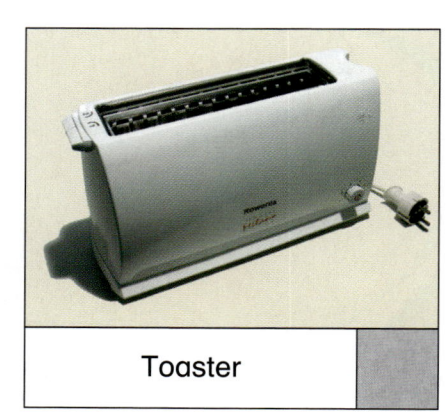

Kochlöffel	Küchenmesser	Pfannenwender
Schneebesen	Teelöffel	Glasschale
Messbecher	Schneidebrett (groß)	Schneidebrett (klein)
Teller (tief)	Toaster	

Frankreich: Aligot

Zutaten

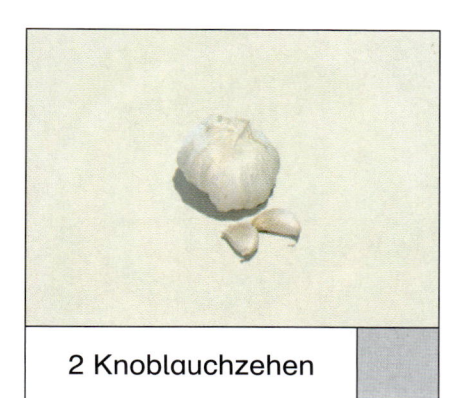

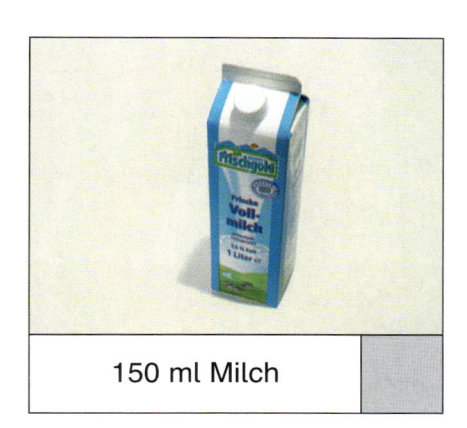

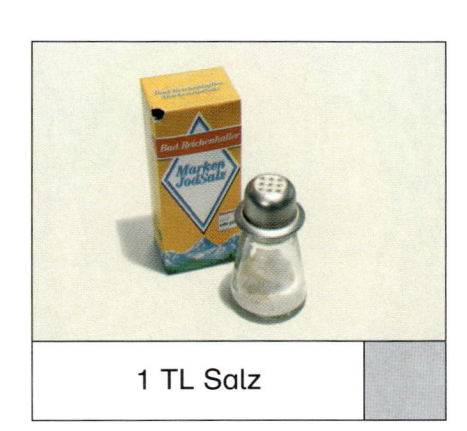

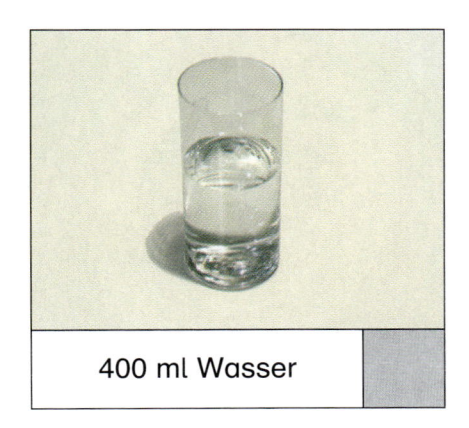

1 Bund Schnittlauch	2 Knoblauchzehen	250 g geriebener Käse
6 EL Creme Fraiche	150 ml Milch	4 Scheiben Toastbrot
Pfeffer	1 TL Salz	1 Packung Kartoffelpüree
2 EL Margarine	400 ml Wasser	

H. Kühl / C. Gerstenberg: Rezepte aus aller Welt – kinderleicht zubereitet
© Persen Verlag GmbH, Buxtehude

45

Frankreich: Aligot

Zubereitung

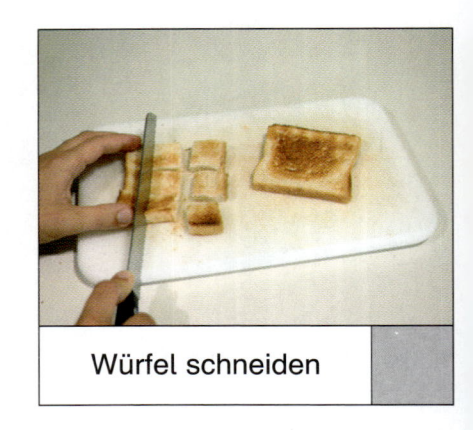

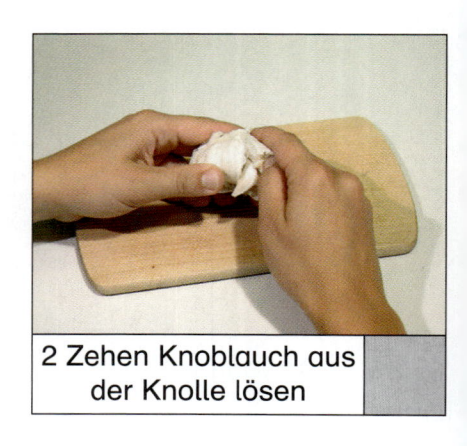

Toaster bereitstellen	Toast in den Toaster geben	auf Stufe 3 toasten
	drei Streifen schneiden	Würfel schneiden
Toast würfeln	Toast in Glasschale geben	Toast zur Seite stellen
Schnittlauch klein schneiden	Schnittlauch zur Seite stellen	2 Zehen Knoblauch aus der Knolle lösen

46

H. Kühl / C. Gerstenberg: Rezepte aus aller Welt – kinderleicht zubereitet
© Persen Verlag GmbH, Buxtehude

Frankreich: Aligot

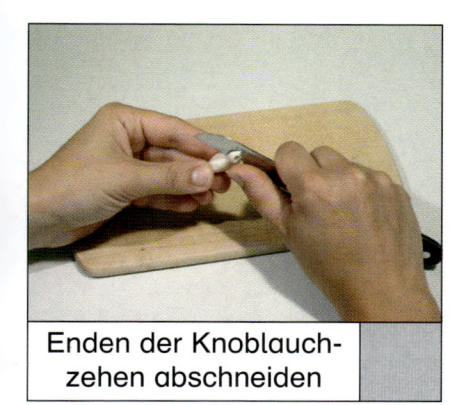

Enden der Knoblauchzehen abschneiden	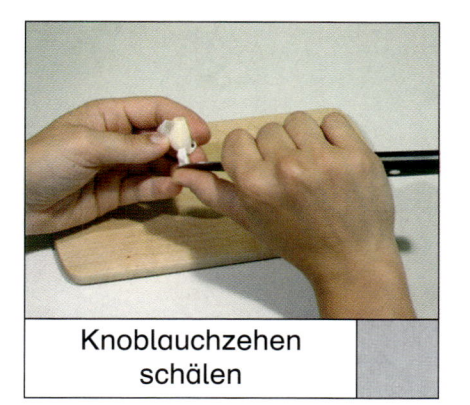 Knoblauchzehen schälen	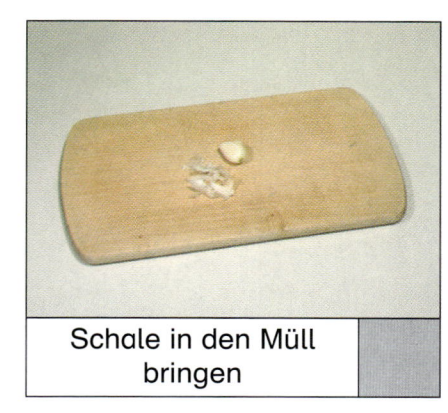 Schale in den Müll bringen
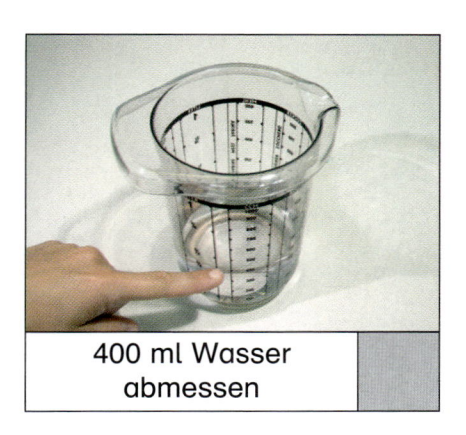 400 ml Wasser abmessen	 Wasser in einen kleinen Topf geben	 1 TL Salz abmessen
 Salz in das Wasser geben	 Wasser auf Stufe 3 zum Kochen bringen	 Herd ausschalten
 Püreepulver in das Wasser geben	 Püreepulver unterrühren	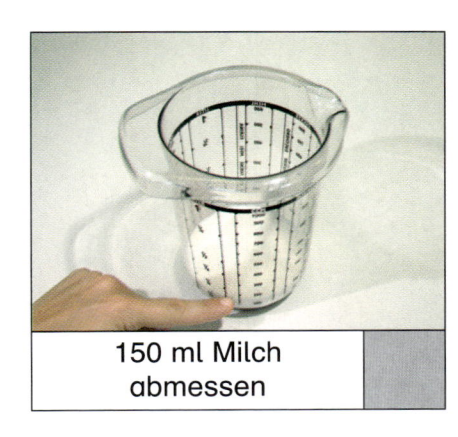 150 ml Milch abmessen

H. Kühl / C. Gerstenberg: Rezepte aus aller Welt – kinderleicht zubereitet
© Persen Verlag GmbH, Buxtehude

47

Frankreich: Aligot

Milch zugeben	Milch unterrühren	Püree zur Seite stellen
großen Topf auf die Herdplatte stellen	2 EL Margarine in den Topf geben	Margarine auf Stufe 2 erhitzen
Knoblauch in den Topf pressen	Knoblauch glasig braten	6 EL Creme Fraiche zugeben
Creme Fraiche unterrühren	Püree dazugeben	Püree unterrühren

48 H. Kühl / C. Gerstenberg: Rezepte aus aller Welt – kinderleicht zubereitet
© Persen Verlag GmbH, Buxtehude

Frankreich: Aligot

250 g geriebenen Käse dazugeben	Käse verrühren	mit etwas Pfeffer würzen
Pfeffer unterrühren	Herd ausschalten	Aligot auf tiefen Teller geben
Aligot mit Schnittlauch bestreuen		Aligot mit Toast servieren

H. Kühl / C. Gerstenberg: Rezepte aus aller Welt – kinderleicht zubereitet
© Persen Verlag GmbH, Buxtehude

Frankreich: Aligot

Darauf achte ich das nächste Mal besonders:

Griechenland: Gyros

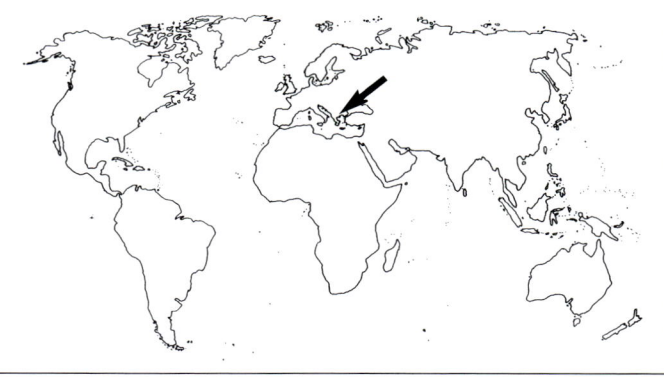

GRIECHENLAND

Gyros mit Tsatsiki

Küchengeräte

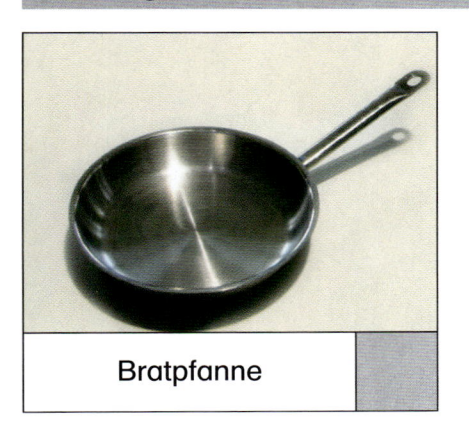

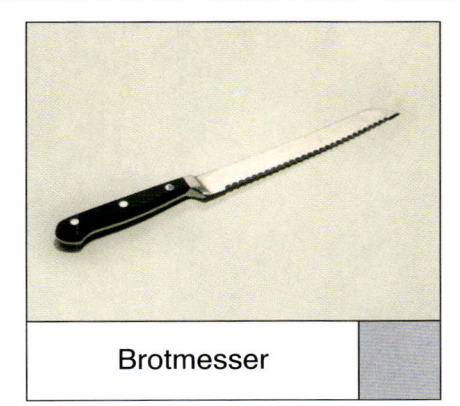

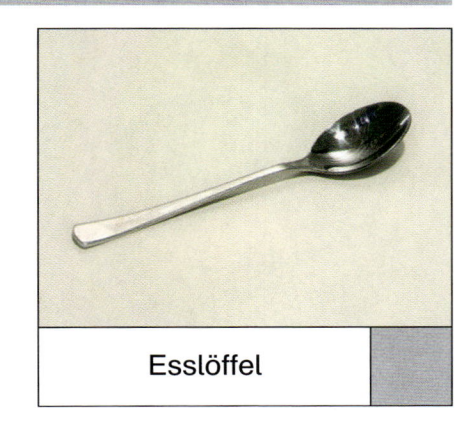

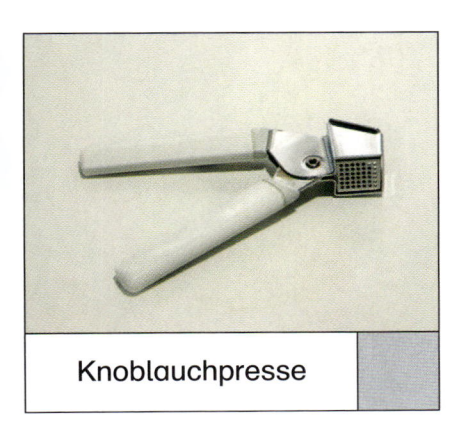

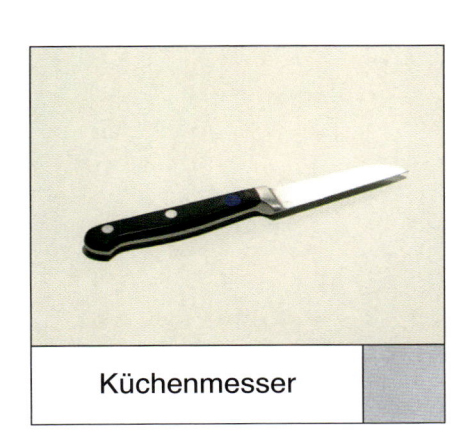

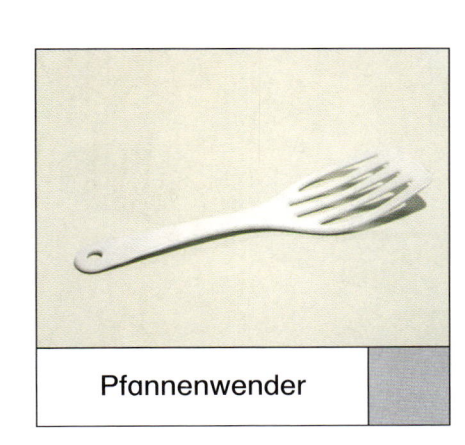

| Bratpfanne | Brotmesser | Esslöffel |

| Knoblauchpresse | Küchenmesser | Pfannenwender |

H. Kühl / C. Gerstenberg: Rezepte aus aller Welt – kinderleicht zubereitet
© Persen Verlag GmbH, Buxtehude

Griechenland: Gyros

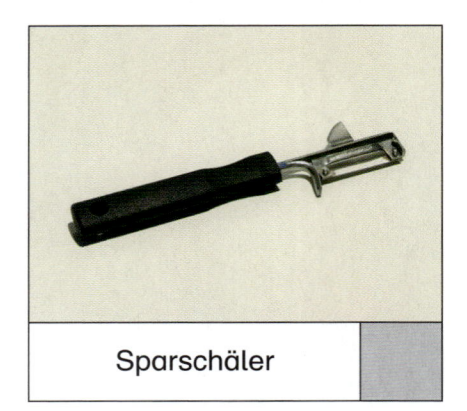

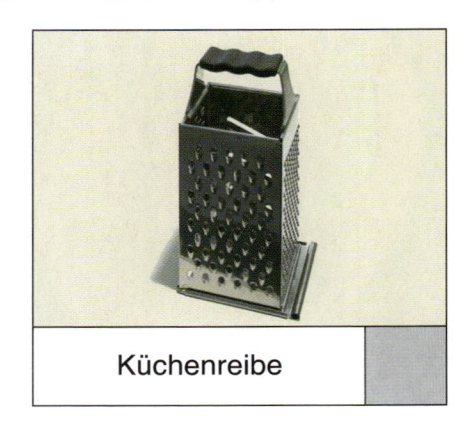

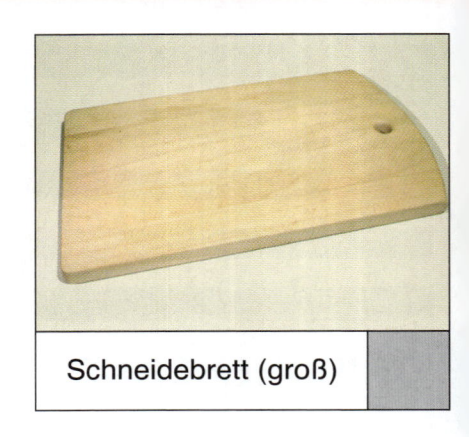

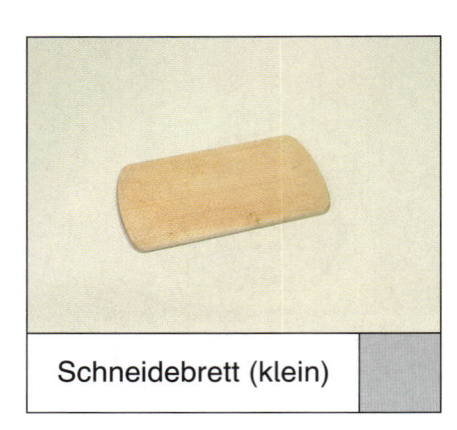

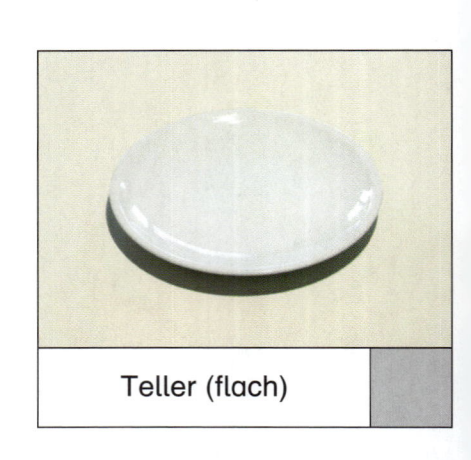

Sparschäler	Küchenreibe	Schneidebrett (groß)
Schneidebrett (groß)	Schneidebrett (klein)	Teller (flach)
Schüssel (silber)		

Zutaten

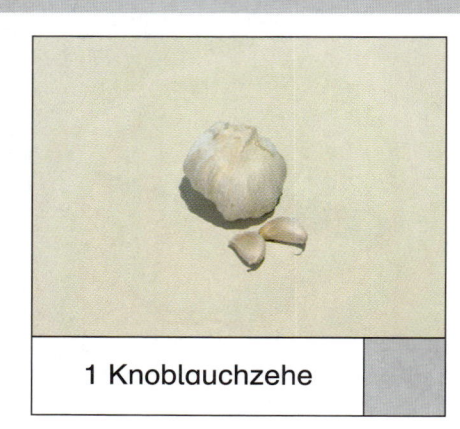

1 Gurke	1 Knoblauchzehe	500 g Joghurt

Griechenland: Gyros

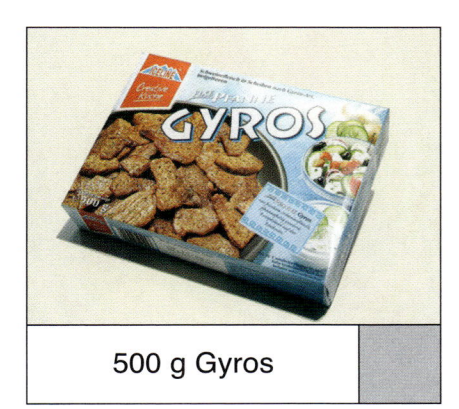

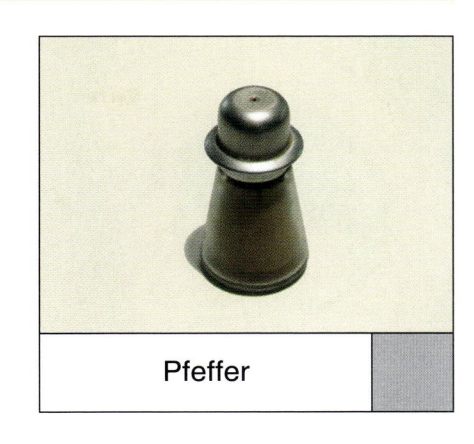

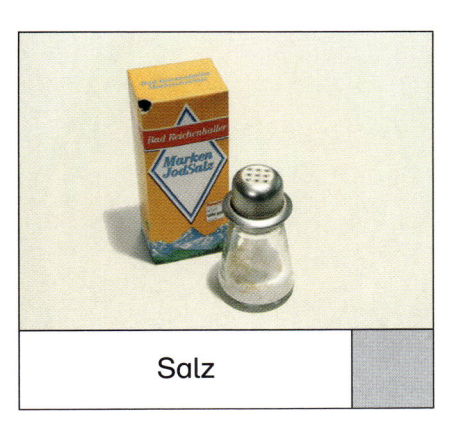

1 Fladenbrot	500 g Gyros	Pfeffer
Salz	1 EL Olivenöl	2 EL Öl

Zubereitung

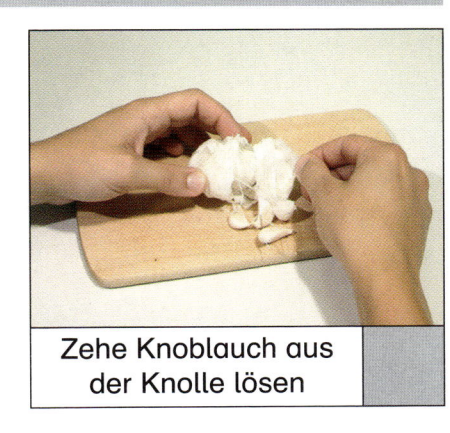

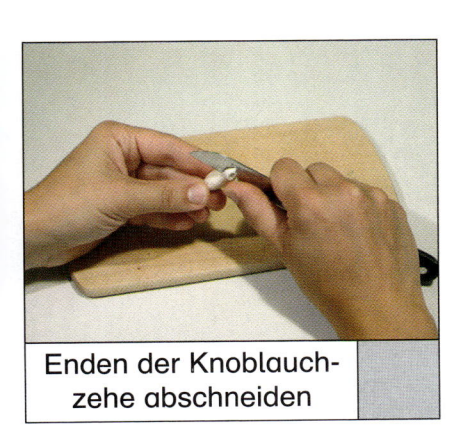

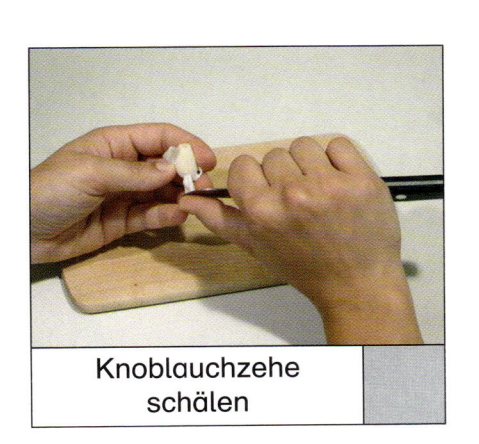

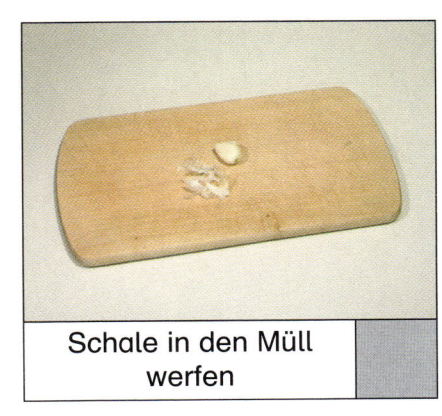

Fladenbrot halbieren	Fladenbrot in Stücke schneiden	Zehe Knoblauch aus der Knolle lösen
Enden der Knoblauchzehe abschneiden	Knoblauchzehe schälen	Schale in den Müll werfen

H. Kühl / C. Gerstenberg: Rezepte aus aller Welt – kinderleicht zubereitet
© Persen Verlag GmbH, Buxtehude

Griechenland: Gyros

Spitzen der Gurke abschneiden		Gurke schälen
	Schale in den Müll werfen	Gurke halbieren
eine Hälfte bereitlegen	Gurke reiben	
	Gurke in Schüssel geben	1 EL Olivenöl in die Gurke geben

54

H. Kühl / C. Gerstenberg: Rezepte aus aller Welt – kinderleicht zubereitet
© Persen Verlag GmbH, Buxtehude

Griechenland: Gyros

Knoblauch in die Presse legen	Knoblauch in die Schüssel pressen	Knoblauch von der Presse abschneiden
Gurke salzen	Gurke pfeffern	500 g Joghurt dazugeben
Tsatsiki gut durchrühren	2 EL Öl in die Pfanne geben	Öl auf Stufe 3 erhitzen
500 g Gyros in die Bratpfanne geben	Gyros anbraten	Gyros braten, bis es braun wird

Griechenland: Gyros

Herd ausschalten	Gyros auf den Teller geben	
Tsatsiki auf den Teller geben	Fladenbrot auf den Teller geben	Gyros servieren

Darauf achte ich das nächste Mal besonders:

Großbritannien: English Breakfast

GROSSBRITANNIEN

English Breakfast

Küchengeräte

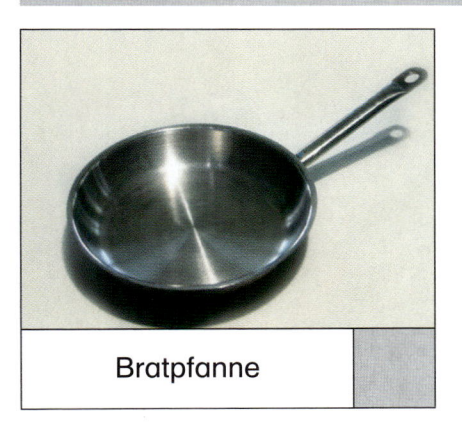

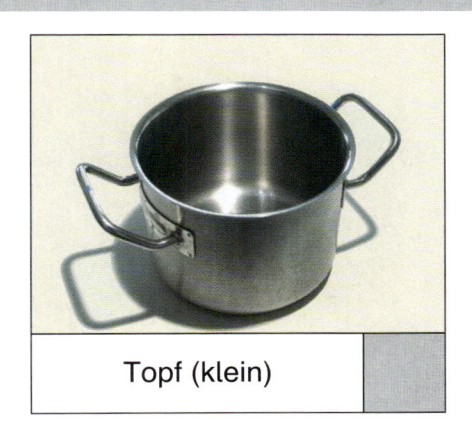

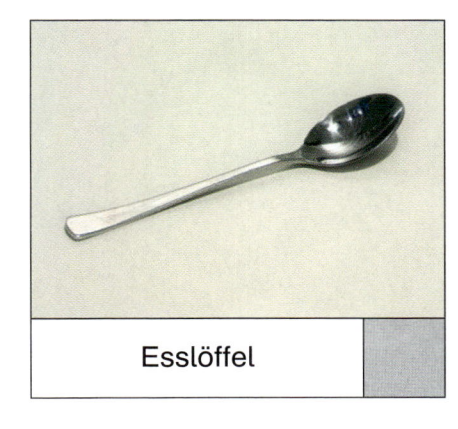

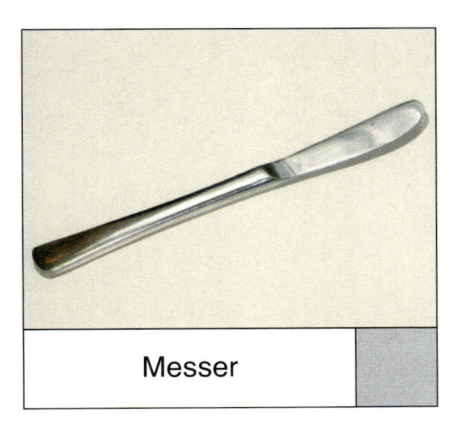

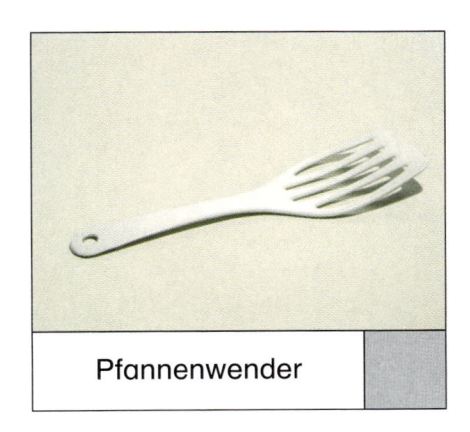

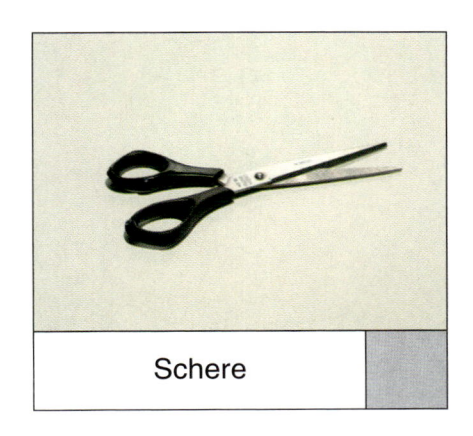

Bratpfanne	Topf (klein)	Esslöffel

Messer	Pfannenwender	Schere

H. Kühl / C. Gerstenberg: Rezepte aus aller Welt – kinderleicht zubereitet
© Persen Verlag GmbH, Buxtehude

Großbritannien: English Breakfast

Frühstücksbrett	Teller (flach)

Zutaten

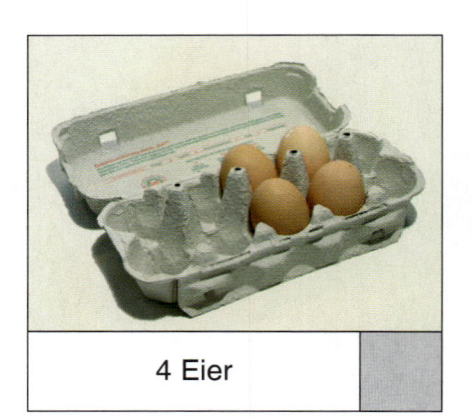

380 ml Bohnen	4 Scheiben Toastbrot	12 Scheiben Speck
4 Eier	Margarine	2 EL Öl

Großbritannien: English Breakfast

Zubereitung

Toast mit Margarine bestreichen		Bohnen öffnen
Bohnen in den Topf geben	Bohnen auf Stufe 2 erhitzen	Bohnen auf niedrigster Stufe warm halten
1 EL Öl in die Bratpfanne geben	Öl auf Stufe 3 erhitzen	Speck in die Bratpfanne legen
	Speck wenden	

H. Kühl / C. Gerstenberg: Rezepte aus aller Welt – kinderleicht zubereitet
© Persen Verlag GmbH, Buxtehude

Großbritannien: English Breakfast

Speck knusprig braten	Herd ausschalten	3 Scheiben Speck auf den Toast legen
	Toast mit Speck zur Seite stellen	1 EL Öl in die Pfanne geben
Öl auf Stufe 3 erhitzen	Ei aufschlagen	
Ei in die Pfanne geben		4 Eier in die Pfanne geben

Großbritannien: English Breakfast

	Eier braten	beide Herdplatten ausschalten
Eier zerteilen	Ei aus der Pfanne lösen	Ei auf den Toast legen
Bohnen auf den Teller geben	English Breakfast servieren	

Großbritannien: English Breakfast

Darauf achte ich das nächste Mal besonders:

Indien: Currypfanne

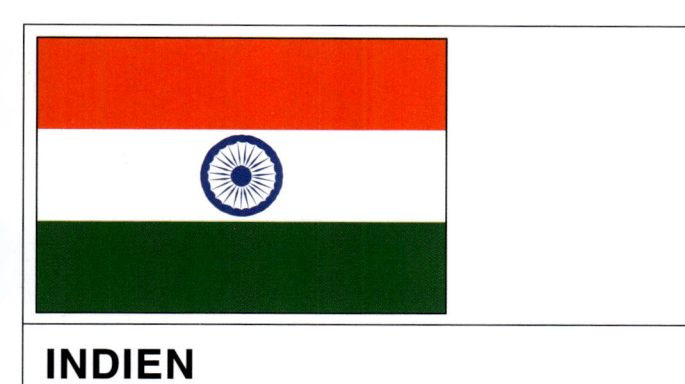

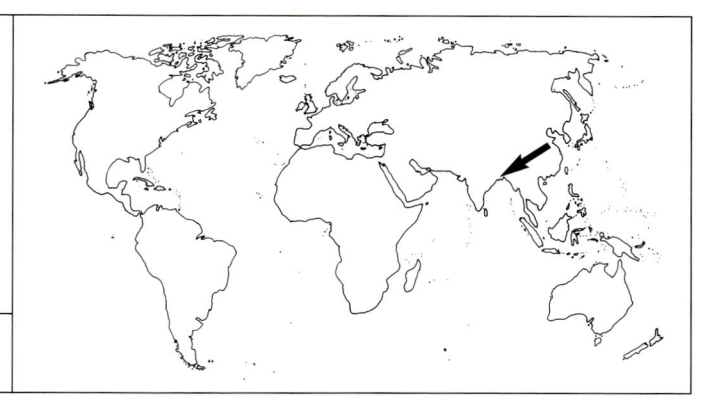

INDIEN

Currypfanne

Küchengeräte

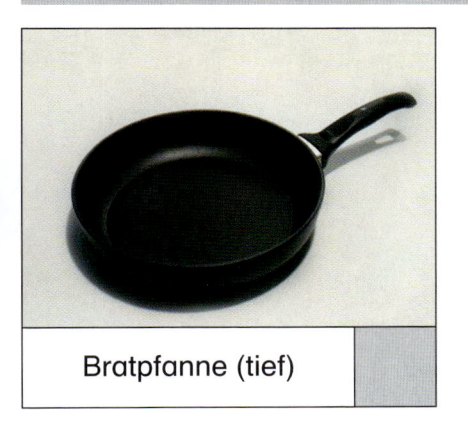

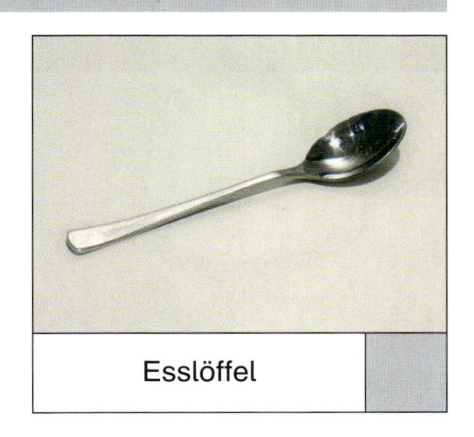

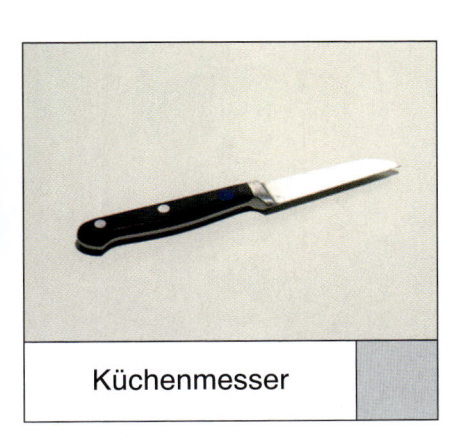

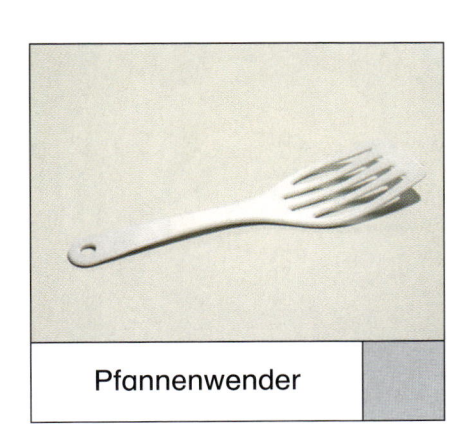

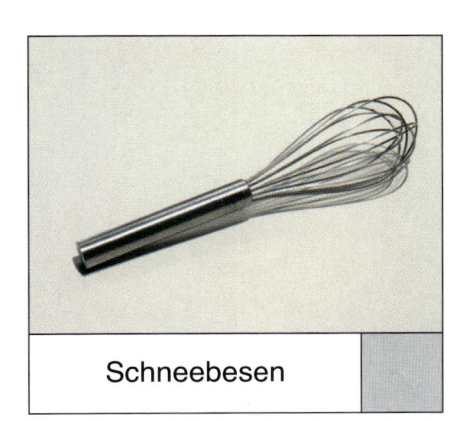

| Bratpfanne (tief) | Topf (groß) | Esslöffel |

| Küchenmesser | Pfannenwender | Schneebesen |

H. Kühl / C. Gerstenberg: Rezepte aus aller Welt – kinderleicht zubereitet
© Persen Verlag GmbH, Buxtehude

Indien: Currypfanne

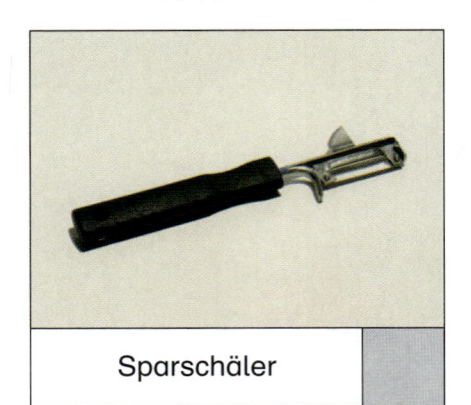

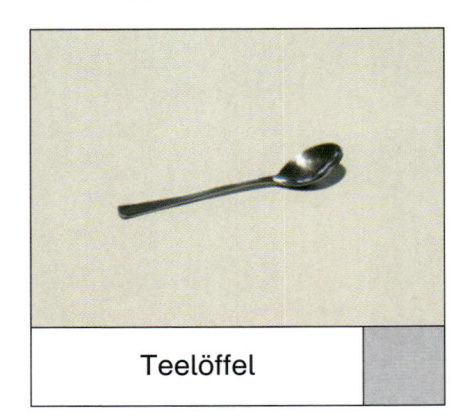

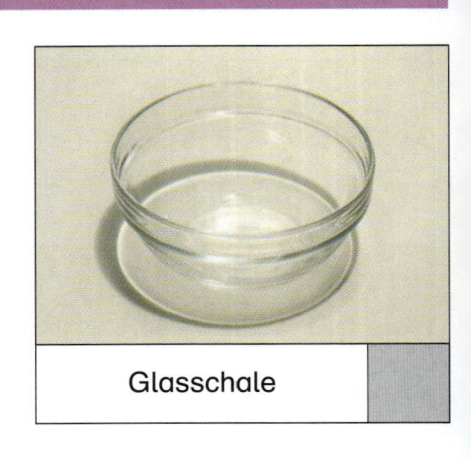

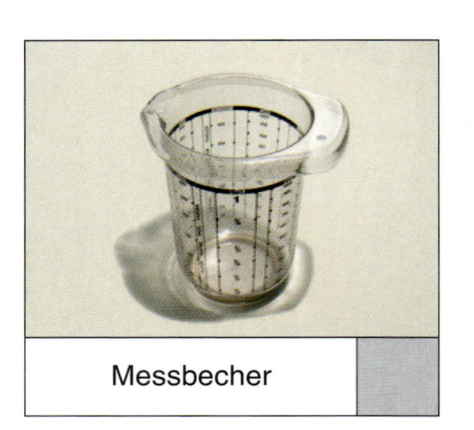

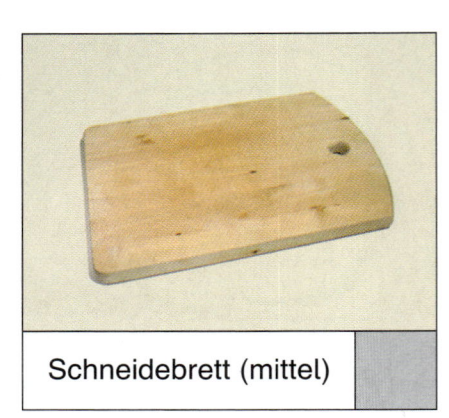

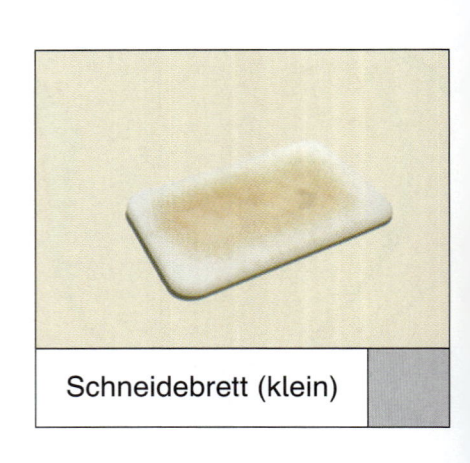

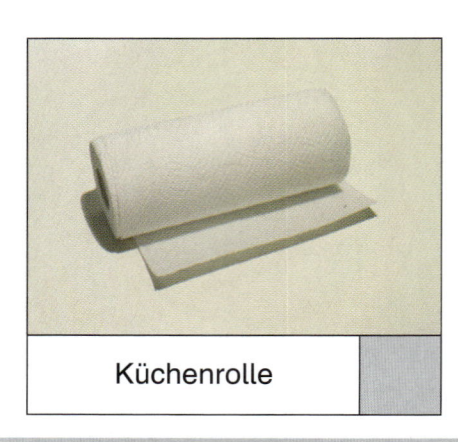

Sparschäler	Teelöffel	Glasschale
Messbecher	Schneidebrett (mittel)	Schneidebrett (klein)
Teller (flach)	Küchenrolle	

Zutaten

2 Äpfel	1 Banane	2 EL Rosinen

Indien: Currypfanne

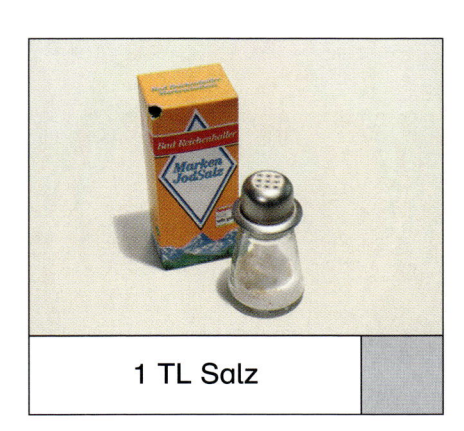

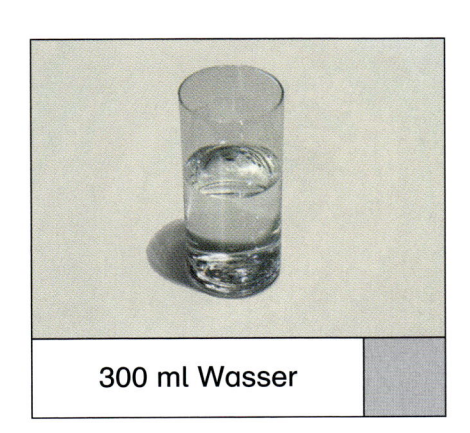

1 Zwiebel	8 El Sahne	4 Hähnchenbrüste
3 TL Curry	1 TL Salz	1 EL Honig
2 EL Mandeln	1 EL Mehl	1 El Öl
2 Beutel Reis	300 ml Wasser	

Indien: Currypfanne

Zubereitung

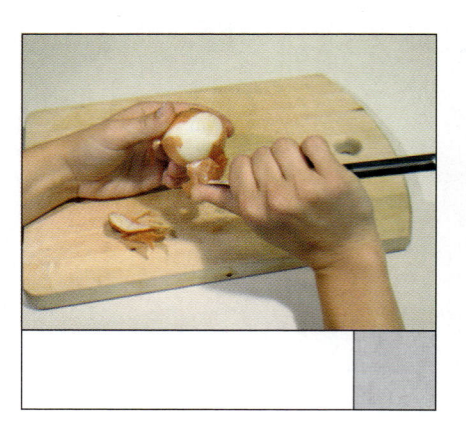

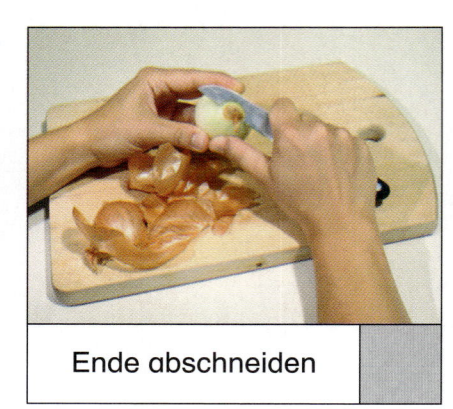

1 EL Mehl in eine Glasschale geben	8 EL Sahne zu dem Mehl geben	gut verrühren
	Schale bereitstellen	Zwiebel schälen
	Ende abschneiden	Schale in den Müll werfen
Zwiebel halbieren	Streifen schneiden	

66

H. Kühl / C. Gerstenberg: Rezepte aus aller Welt – kinderleicht zubereitet
© Persen Verlag GmbH, Buxtehude

Indien: Currypfanne

Würfel schneiden	 Zwiebel bereitstellen	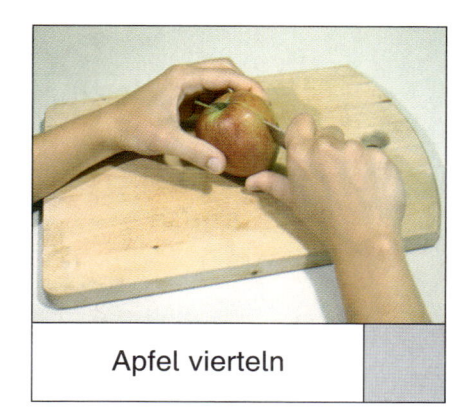 Apfel vierteln
		 Kerngehäuse entfernen
		 Apfelstücke schälen
 Schale in den Müll werfen	 Streifen schneiden	 Würfel schneiden

Indien: Currypfanne

Apfel bereitstellen	Banane schälen	Schale in den Müll werfen
dünne Scheiben schneiden	Banane bereitstellen	Fleisch waschen
Fleisch trocknen	Scheiben schneiden	
Fleisch salzen	Fleisch pfeffern	Fleisch bereitstellen

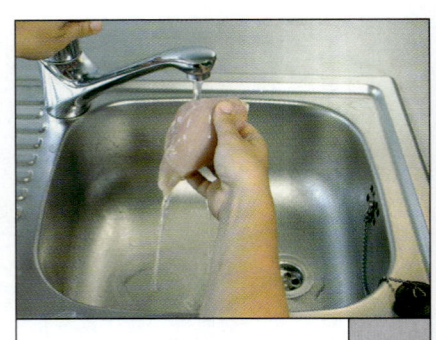

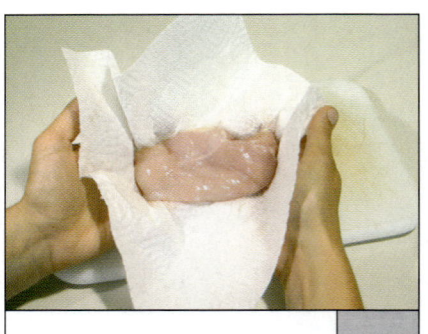

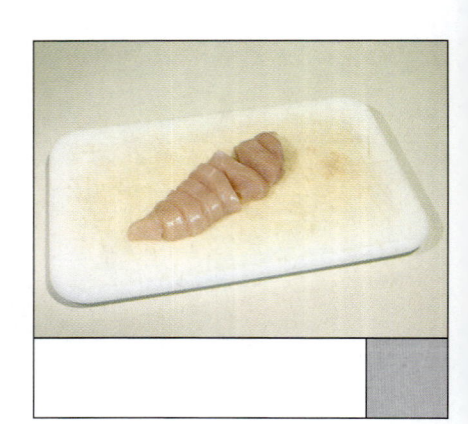

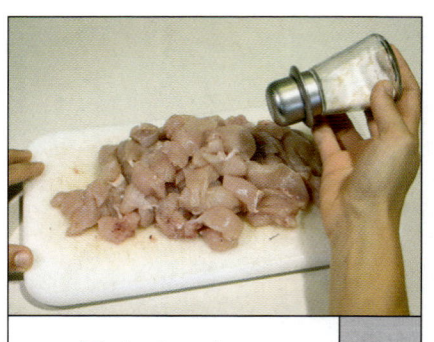

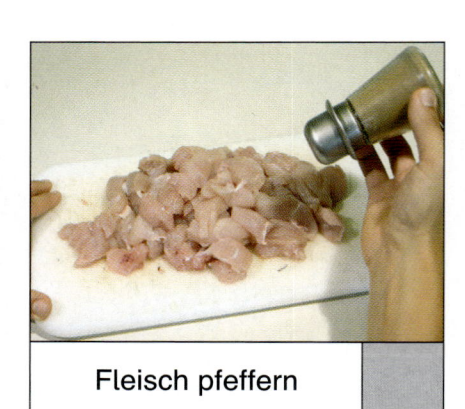

68

H. Kühl / C. Gerstenberg: Rezepte aus aller Welt – kinderleicht zubereitet
© Persen Verlag GmbH, Buxtehude

Indien: Currypfanne

2 l Wasser abmessen	Wasser in den Topf geben	1 TL Salz ins Wasser geben
Wasser auf Stufe 3 zum Kochen bringen	2 Beutel Reis in das Wasser legen	Reis auf Stufe 2 20 Minuten garen lassen
1 EL Öl in die Bratpfanne geben	Öl auf Stufe 3 erhitzen	Fleisch in das heiße Öl geben
Fleisch braten		Zwiebeln in die Bratpfanne geben

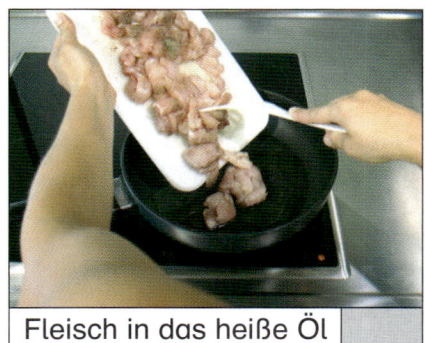

H. Kühl / C. Gerstenberg: Rezepte aus aller Welt – kinderleicht zubereitet
© Persen Verlag GmbH, Buxtehude

Indien: Currypfanne

Zwiebel ca. 2 Minuten anbraten	300 ml Wasser abmessen	Wasser zu dem Fleisch geben
Apfelstücke in die Bratpfanne geben	kurz umrühren	3 TL Curry über das Fleisch streuen
Curry unterrühren	Herd auf Stufe 2 stellen	Mehl-Sahne-Gemisch unterrühren
	1 El Honig in die Pfanne geben	2 EL Rosinen in die Pfanne geben

Indien: Currypfanne

2 EL Mandeln in die Pfanne geben	verrühren	Banane dazugeben
verrühren	kurz erhitzen	beide Herdplatten ausstellen
Reis aus dem Topf nehmen	Reisbeutel aufschneiden	Reis auf einen Teller geben
Currypfanne auf den Reis geben – servieren		

H. Kühl / C. Gerstenberg: Rezepte aus aller Welt – kinderleicht zubereitet
© Persen Verlag GmbH, Buxtehude

Indien: Currypfanne

Darauf achte ich das nächste Mal besonders:

Italien: Pizza

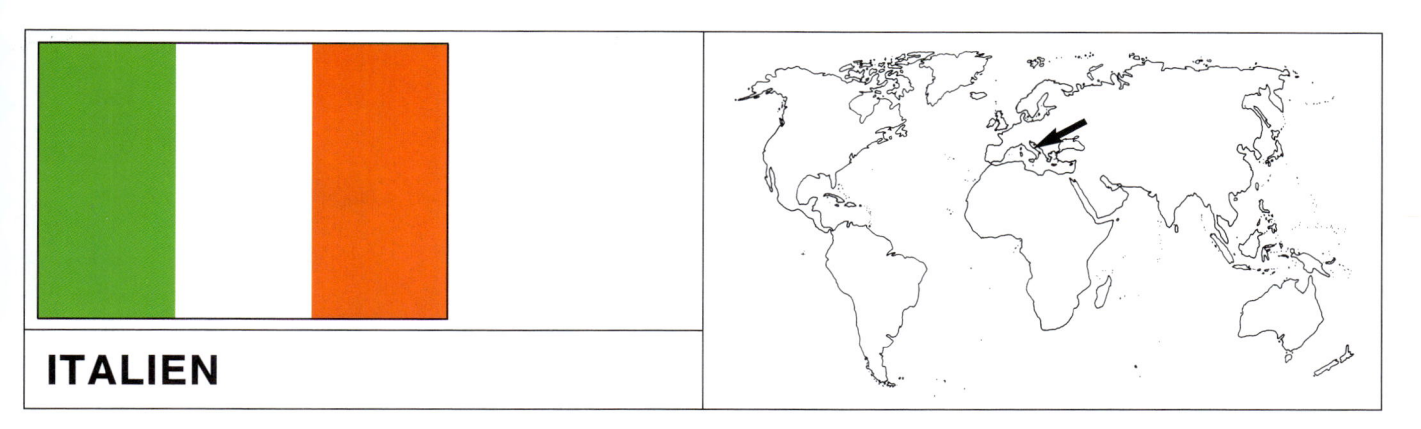

ITALIEN

Pizza

Küchengeräte

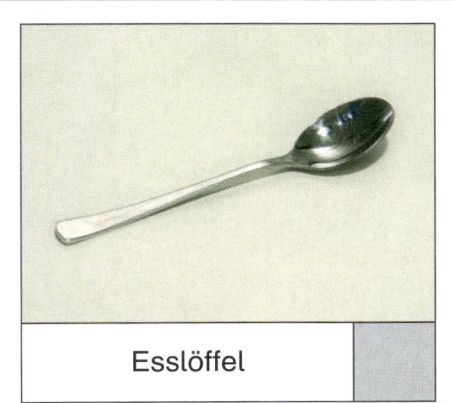

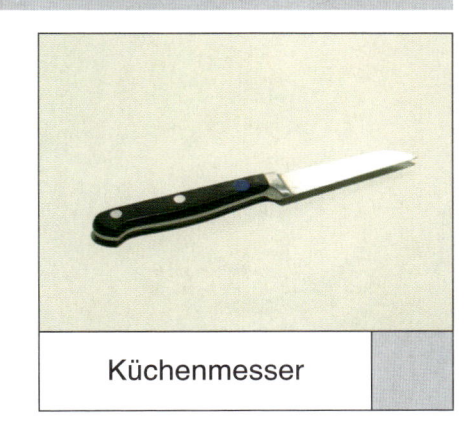

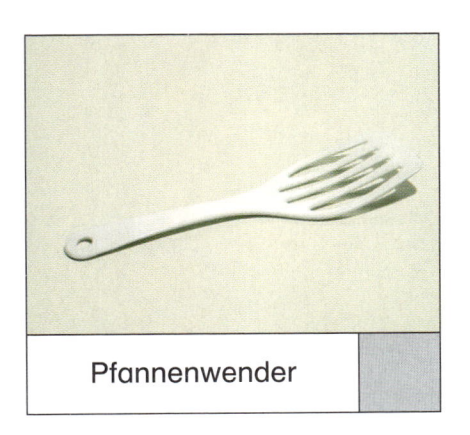

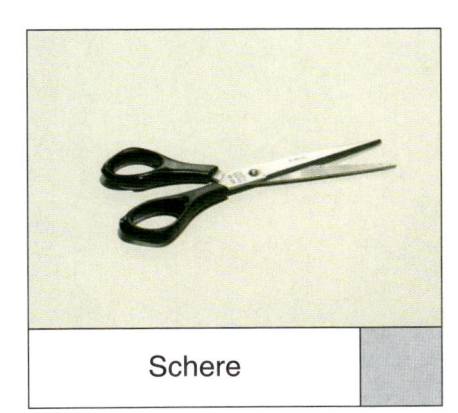

Backblech	Esslöffel	Küchenmesser

Pfannenwender	Schere	Schneidebrett (mittel)

H. Kühl / C. Gerstenberg: Rezepte aus aller Welt – kinderleicht zubereitet
© Persen Verlag GmbH, Buxtehude

Italien: Pizza

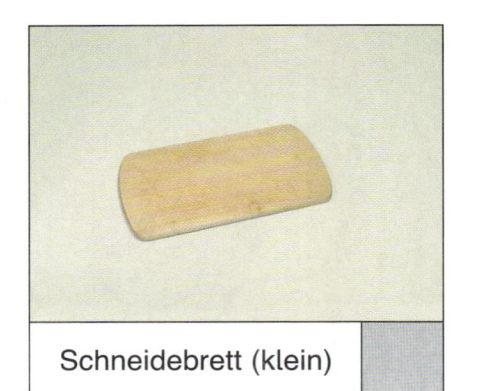

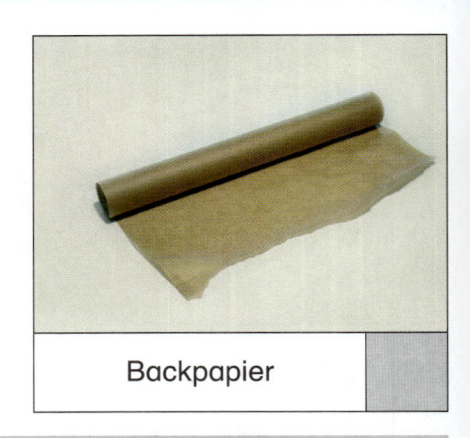

| Schneidebrett (klein) | Schneidebrett (klein) | Backpapier |

Zutaten

| 1 Paprika | 3–5 Pilze | 200 g geriebener Käse |

| 200 g Salami | Pizzateig mit Soße |

Italien: Pizza

Zubereitung

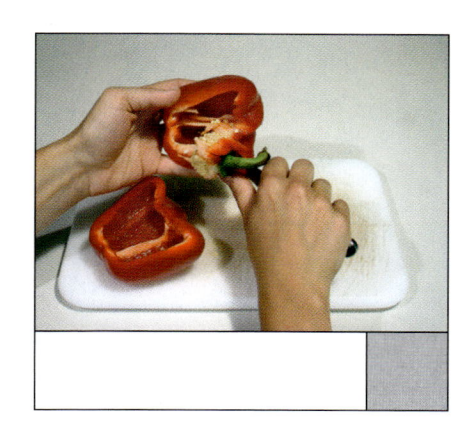

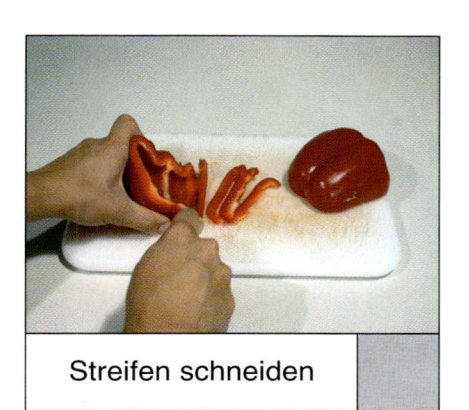

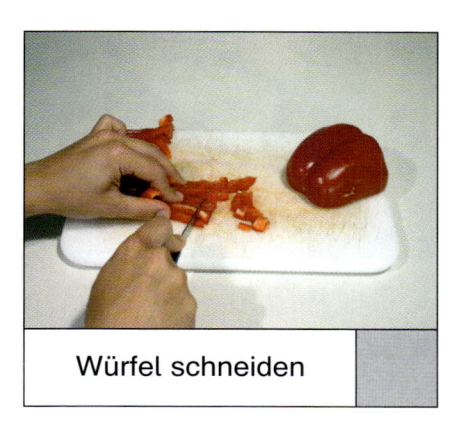

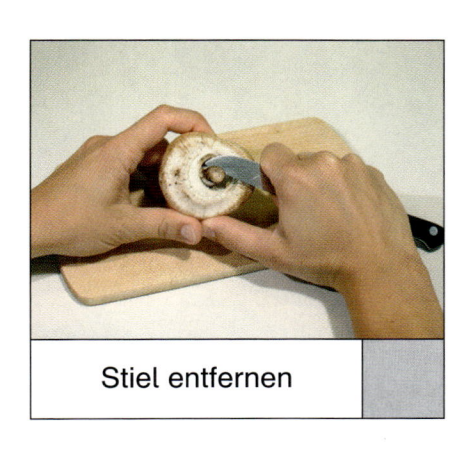

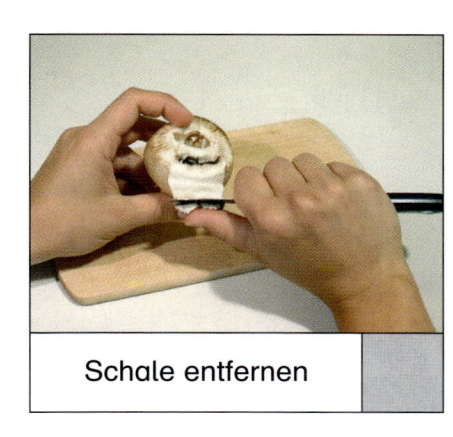

Paprika waschen	Stiel und Kerne entfernen	
Stiel und Kerne in den Müll werfen	Streifen schneiden	Würfel schneiden
Paprika bereitstellen	Stiel entfernen	Schale entfernen
Schale in den Müll werfen	Scheiben schneiden	Pilze bereitstellen

H. Kühl / C. Gerstenberg: Rezepte aus aller Welt – kinderleicht zubereitet
© Persen Verlag GmbH, Buxtehude

Italien: Pizza

Streifen schneiden	Würfel schneiden	Salami bereitstellen
Ofen auf 200°C Umluft stellen	Backpapier auf das Blech legen	Teig aus der Rolle nehmen
		Teig auf das Blech legen
Teig auf Größe des Bleches legen	Soße auf den Teig geben	

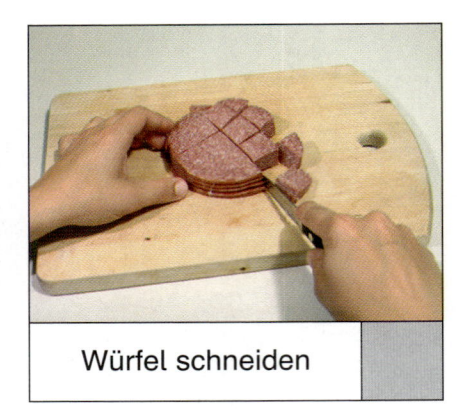

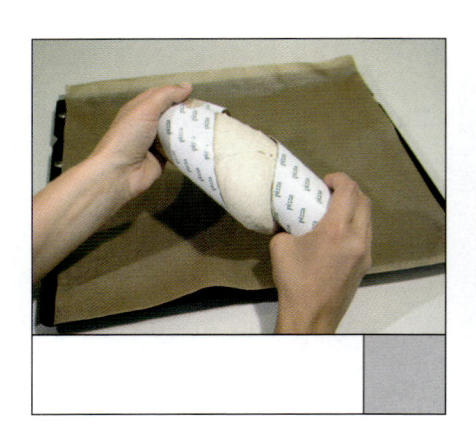

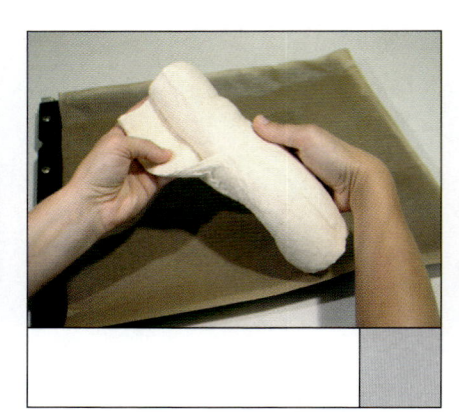

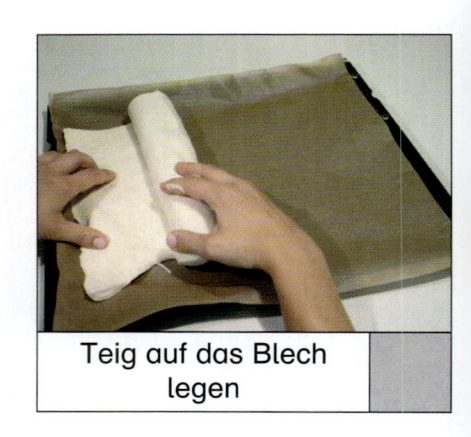

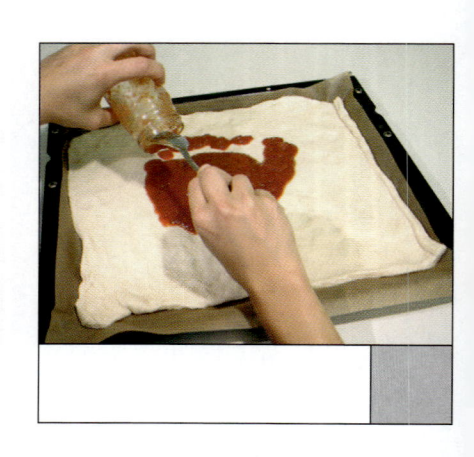

76   H. Kühl / C. Gerstenberg: Rezepte aus aller Welt – kinderleicht zubereitet
© Persen Verlag GmbH, Buxtehude

Italien: Pizza

Soße verteilen	Salami verteilen	
Pilze verteilen	Paprika verteilen	Käse verteilen
	Pizza in den Ofen schieben	Nach 20 Minuten Ofen ausschalten
Pizza schneiden	Pizza auf den Teller heben	Pizza servieren

H. Kühl / C. Gerstenberg: Rezepte aus aller Welt – kinderleicht zubereitet
© Persen Verlag GmbH, Buxtehude

Italien: Pizza

Darauf achte ich das nächste Mal besonders:

Mexiko: Chili con Carne

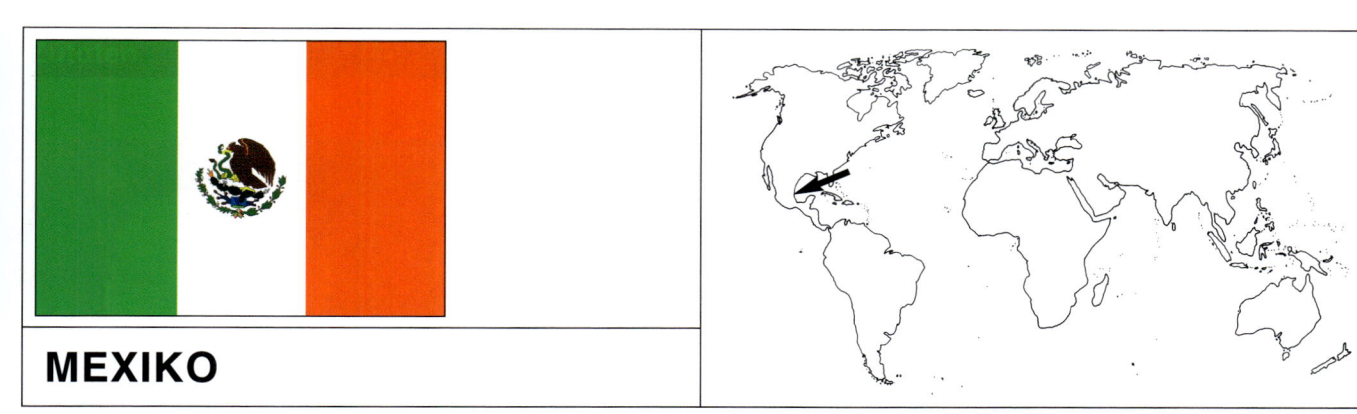

MEXIKO

Chili con Carne

Küchengeräte

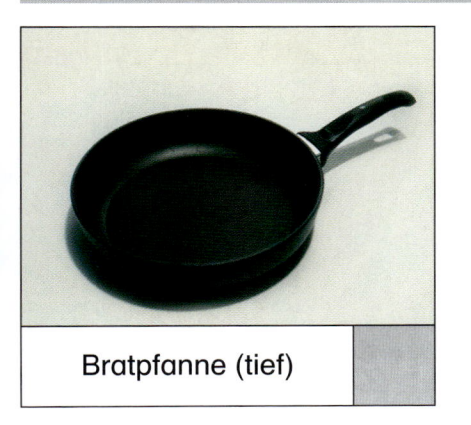

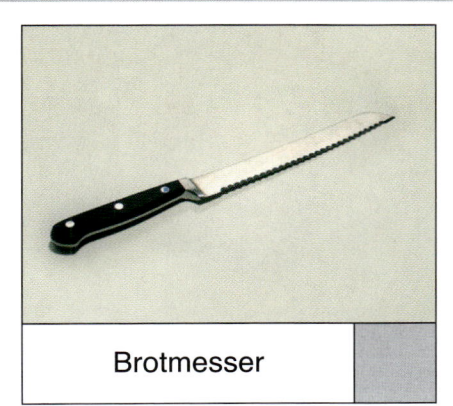

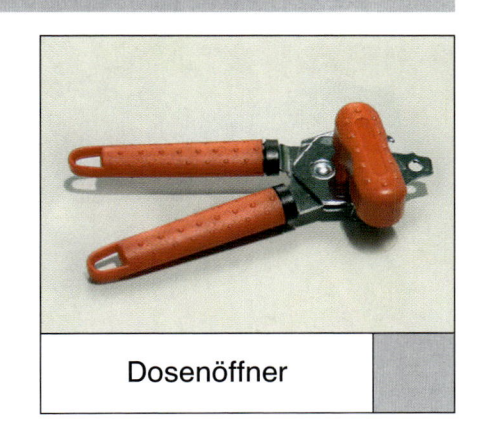

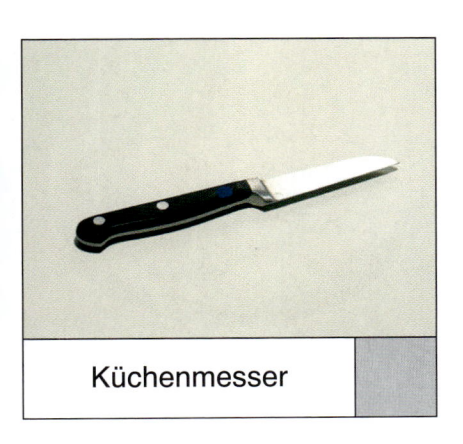

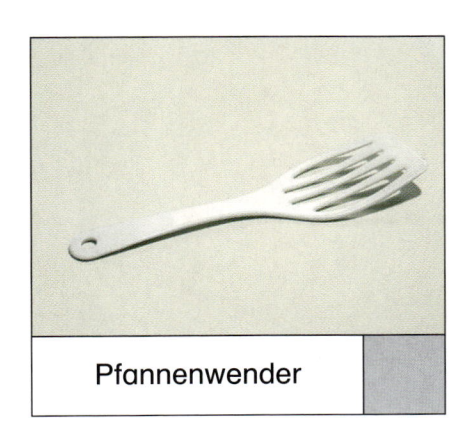

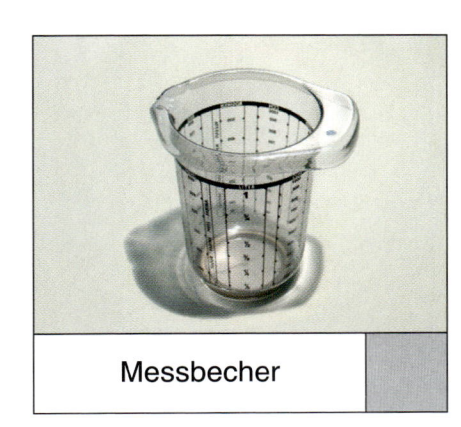

Bratpfanne (tief)	Brotmesser	Dosenöffner

Küchenmesser	Pfannenwender	Messbecher

Mexiko: Chili con Carne

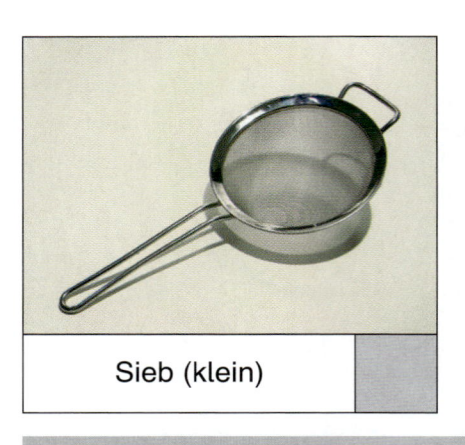

| Schneidebrett (groß) | Schneidebrett (mittel) | Schneidebrett (klein) |

| Sieb (klein) | Teller (tief) | |

Zutaten

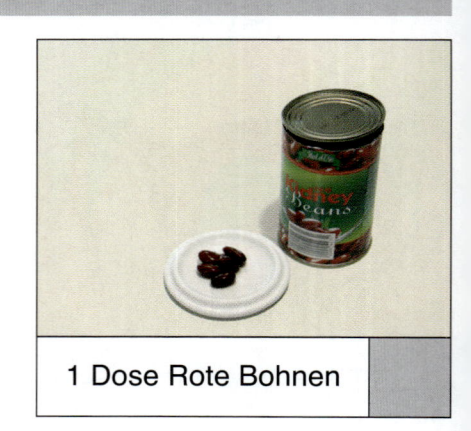

| 1 Dose Mais | 1 Paprika | 1 Dose Rote Bohnen |

| 1 Zwiebel | 1 Fladenbrot | 300 g Hackfleisch |

Mexiko: Chili con Carne

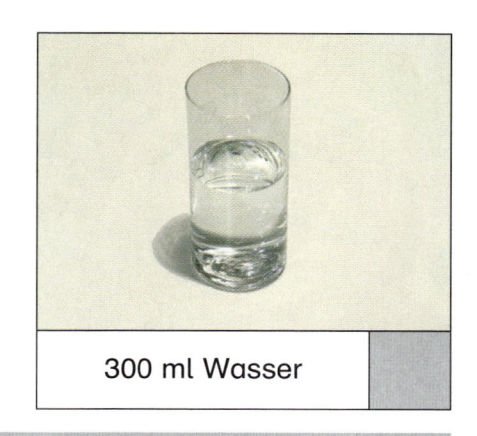

| 1 Packung Chili con Carne (Gewürzm.) | 1 EL Öl | 300 ml Wasser |

Zubereitung

| Fladenbrot halbieren | Fladenbrot in Stücke schneiden | |

| Dose Mais öffnen | Mais abgießen | Dose Bohnen öffnen |

| | Bohnen abgießen | Bohnen abtropfen |

Mexiko: Chili con Carne

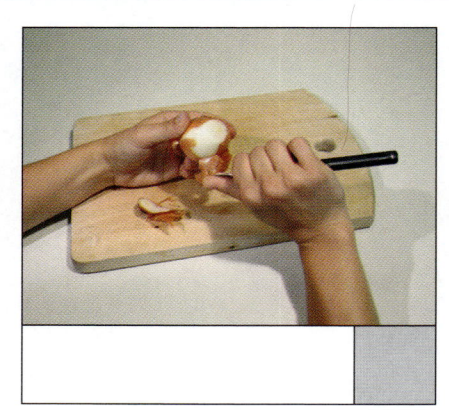

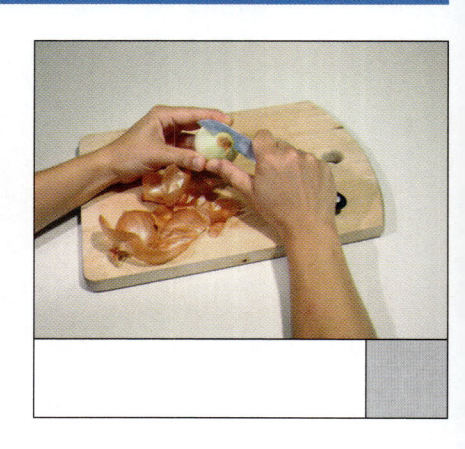

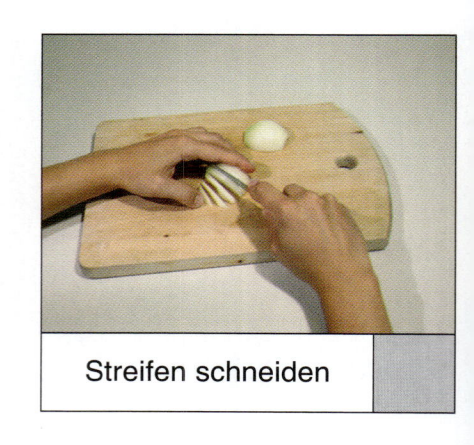

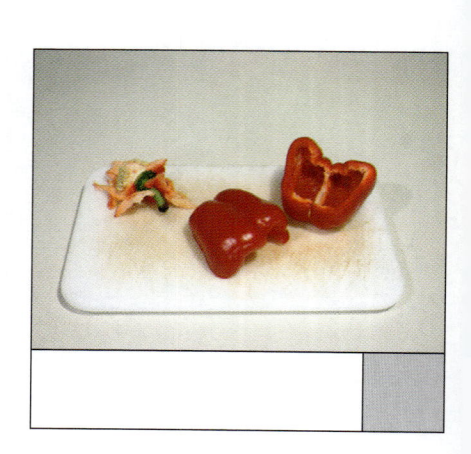

Zwiebel schälen		
Schale in den Müll werfen		Streifen schneiden
Würfel schneiden		Zwiebel bereitstellen
Paprika waschen	Kerne und Stiel entfernen	

Mexiko: Chili con Carne

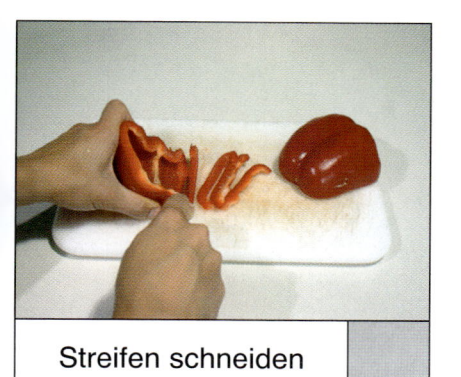

Streifen schneiden	Würfel schneiden	Paprika bereitstellen
1 EL Öl in die Bratpfanne geben	Öl auf Stufe 3 heiß werden lassen	Zwiebeln zugeben
Zwiebeln glasig braten	Hackfleisch zugeben	Hackfleisch anbraten
Hackfleisch braten, bis es braun wird	Paprika zugeben	Paprika 2 Minuten anbraten

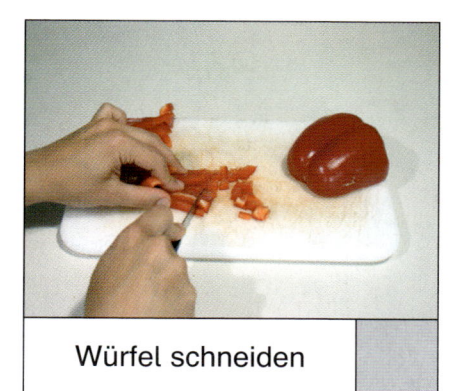

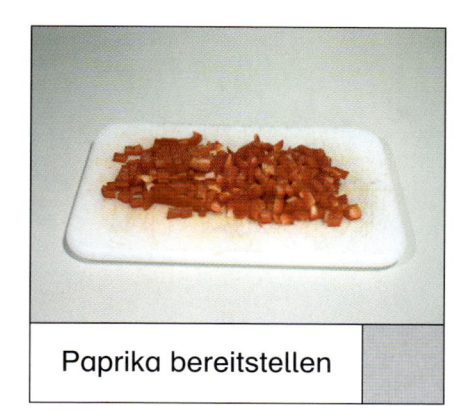

H. Kühl / C. Gerstenberg: Rezepte aus aller Welt – kinderleicht zubereitet
© Persen Verlag GmbH, Buxtehude

Mexiko: Chili con Carne

Mais zugeben	Mais 2 Minuten anbraten	300 ml Wasser abmessen
Wasser zugeben		Gewürzmischung zugeben
Gewürzmischung unterrühren	Bohnen zugeben	Bohnen verrühren
Bohnen erhitzen	Herd ausschalten	Chili con Carne servieren

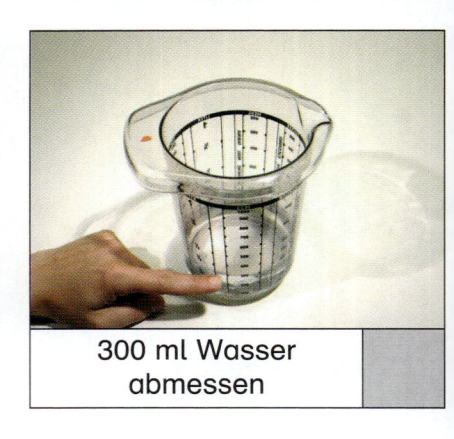

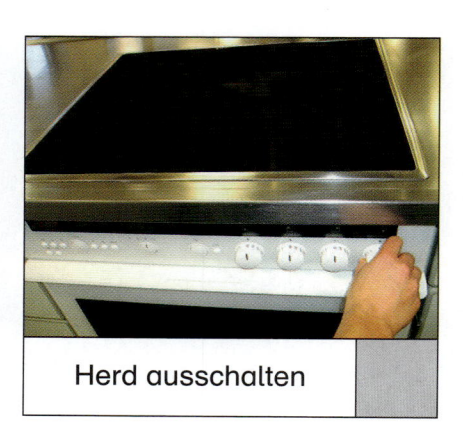

Polen: Böhmische Kartoffelpuffer

POLEN

Böhmische Kartoffelpuffer

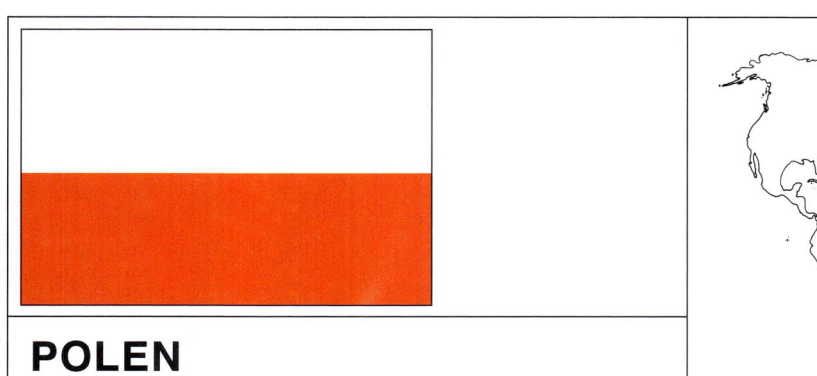

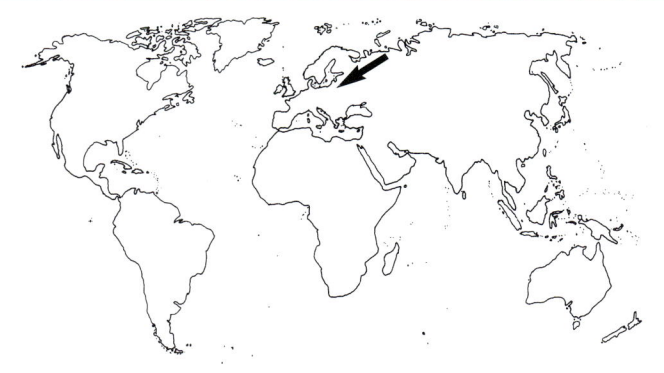

Küchengeräte

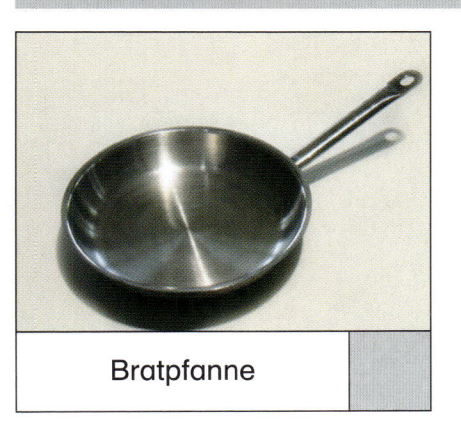

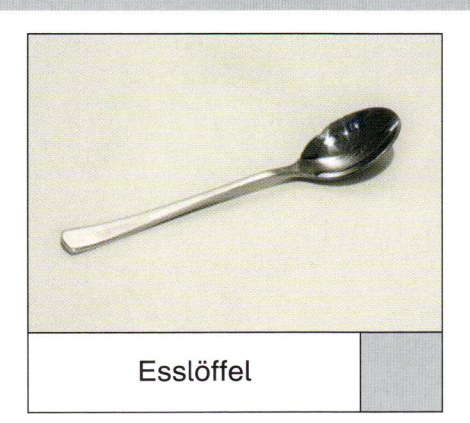

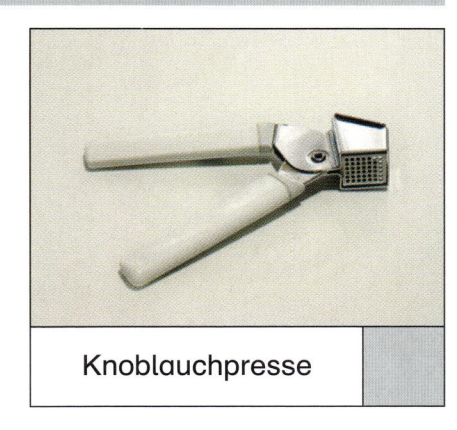

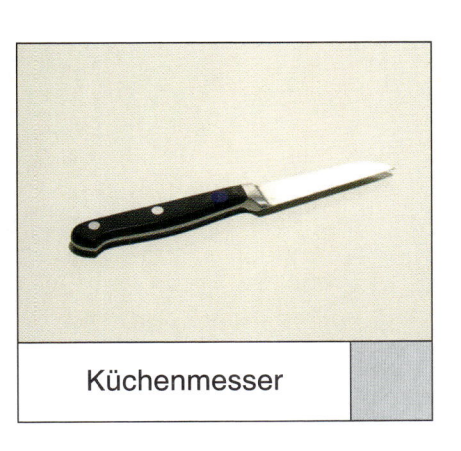

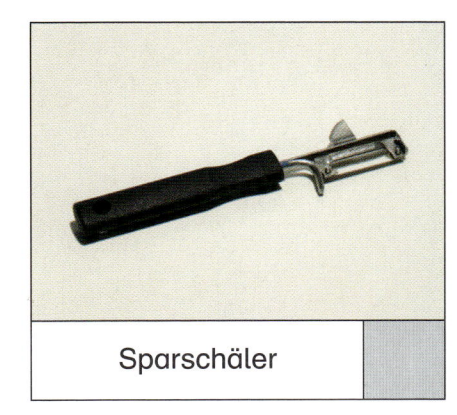

| Bratpfanne | Esslöffel | Knoblauchpresse |

| Küchenmesser | Pfannenwender | Sparschäler |

H. Kühl / C. Gerstenberg: Rezepte aus aller Welt – kinderleicht zubereitet
© Persen Verlag GmbH, Buxtehude

Polen: Böhmische Kartoffelpuffer

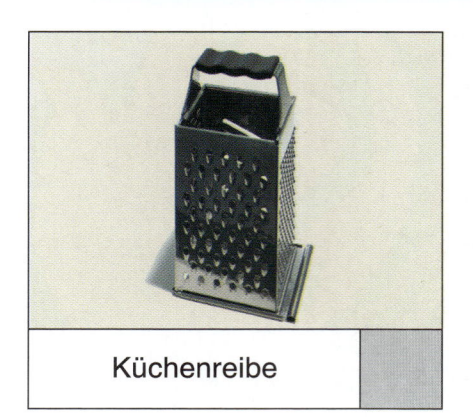

| Küchenreibe | Schneidebrett (mittel) | Schneidebrett (klein) |

| Schüssel (silber) | Schüssel (weiß) | Teller (flach) |

| Küchenwaage |

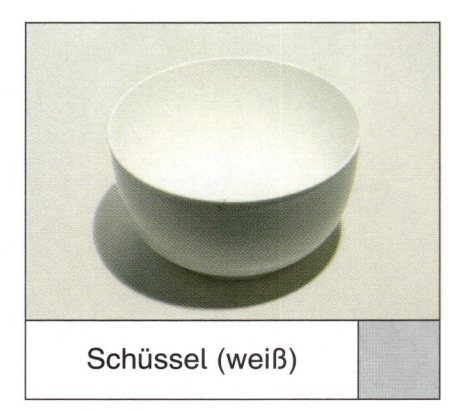

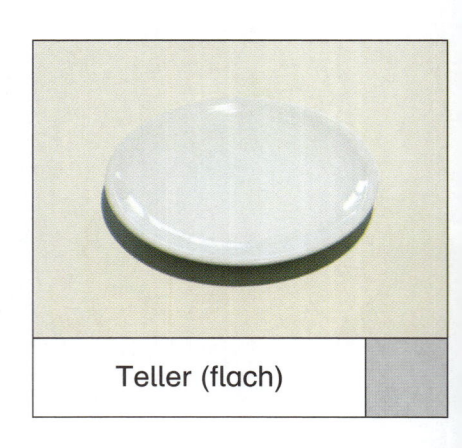

Polen: Böhmische Kartoffelpuffer

Zutaten

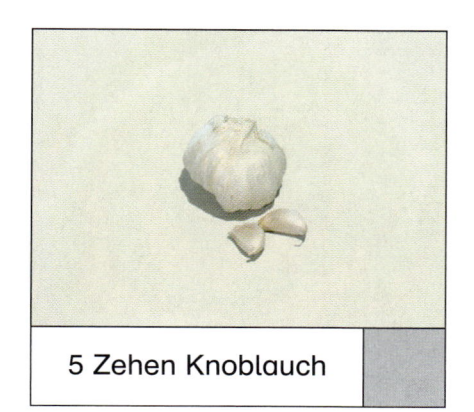

1 kg Kartoffeln	5 Zehen Knoblauch	6 EL Majoran
3 EL Salz	4 Eier	16 EL Mehl
6 EL Öl		

Polen: Böhmische Kartoffelpuffer

Zubereitung

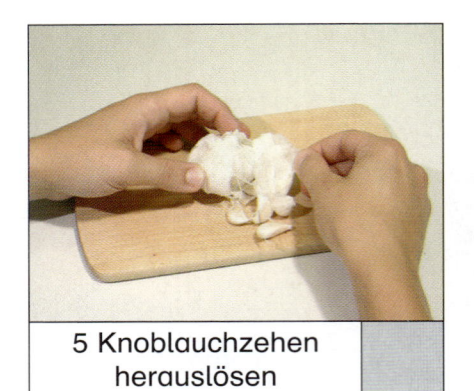

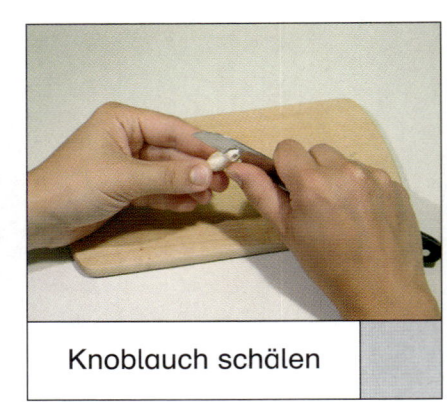

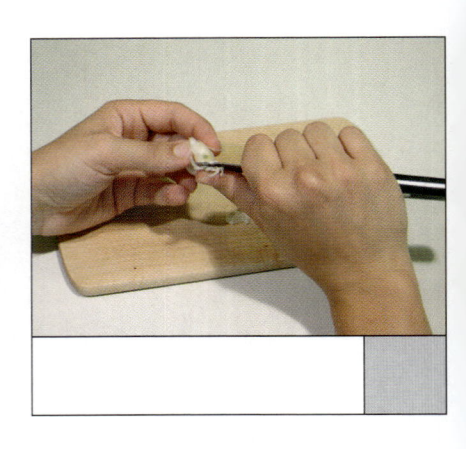

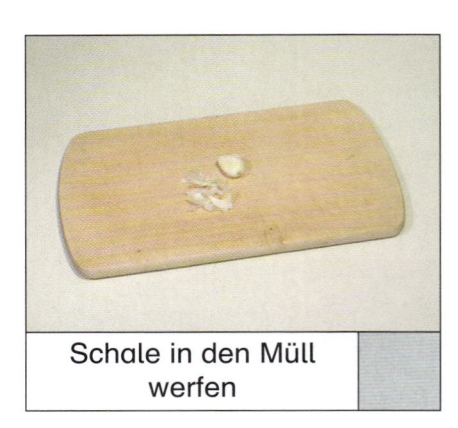

5 Knoblauchzehen herauslösen	Knoblauch schälen	
Schale in den Müll werfen	1 kg Kartoffeln abwiegen	Kartoffeln schälen
	Schale in den Müll werfen	
Kartoffeln reiben	geriebene Kartoffeln in eine Schüssel füllen	3 EL Salz zugeben

88

H. Kühl / C. Gerstenberg: Rezepte aus aller Welt – kinderleicht zubereitet
© Persen Verlag GmbH, Buxtehude

Polen: Böhmische Kartoffelpuffer

Eier aufschlagen	4 Eier in die Schüssel geben	16 EL Mehl zugeben
6 EL Majoran zugeben	Knoblauchzehe in die Presse legen	Knoblauch in die Schüssel pressen
Knoblauch von der Presse trennen	Masse gut durchkneten	
Teig bereitstellen	6 EL Öl in die Pfanne geben	Öl auf Stufe 3 erhitzen

Polen: Böhmische Kartoffelpuffer

1–2 EL für einen Puffer in die Pfanne geben

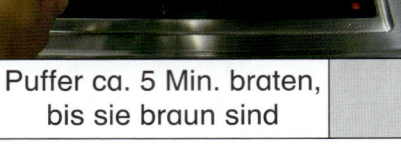

glatt streichen

Kartoffelpuffer ca. 5 Minuten braten

Kartoffelpuffer wenden

Puffer ca. 5 Min. braten, bis sie braun sind

Herd ausschalten

Kartoffelpuffer servieren

Russland: Boeuf Stroganoff

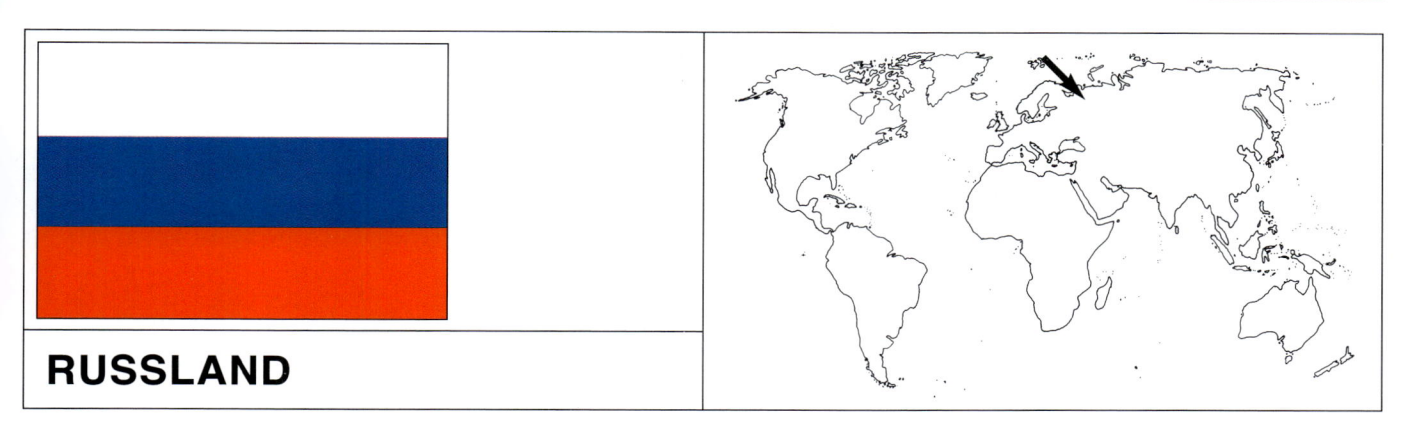

RUSSLAND

Boeuf Stroganoff

Küchengeräte

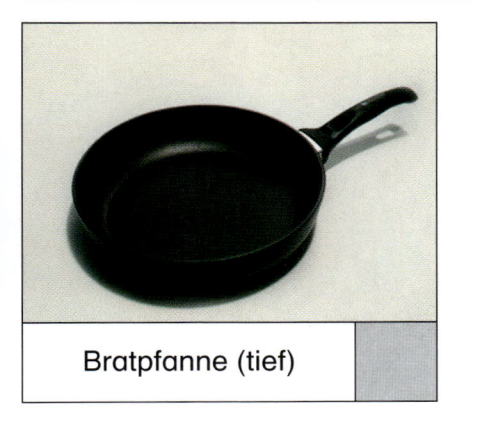

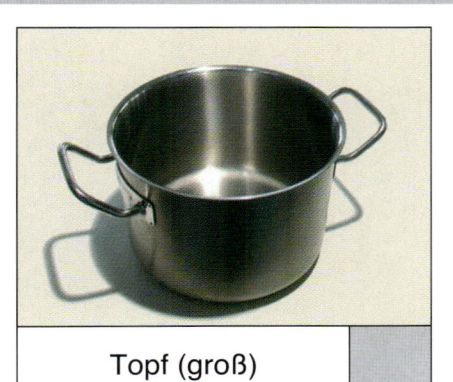

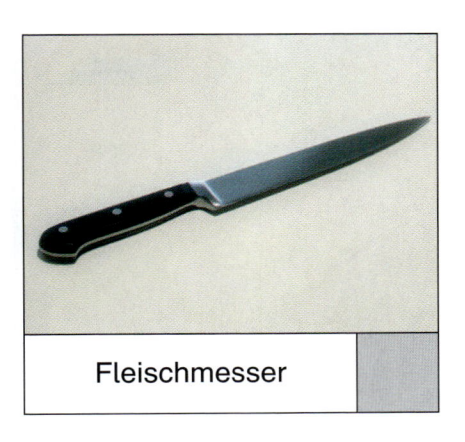

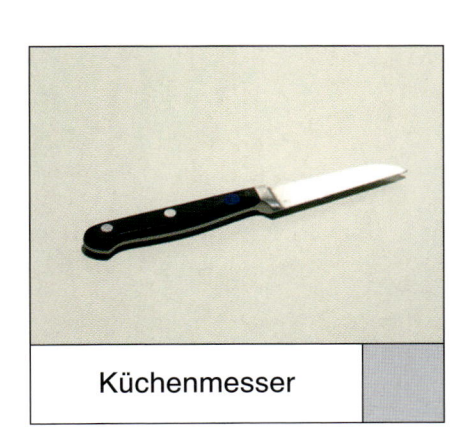

| Bratpfanne (tief) | Topf (groß) | Esslöffel |

| Fleischmesser | Gabel | Küchenmesser |

H. Kühl / C. Gerstenberg: Rezepte aus aller Welt – kinderleicht zubereitet
© Persen Verlag GmbH, Buxtehude

Russland: Boeuf Stroganoff

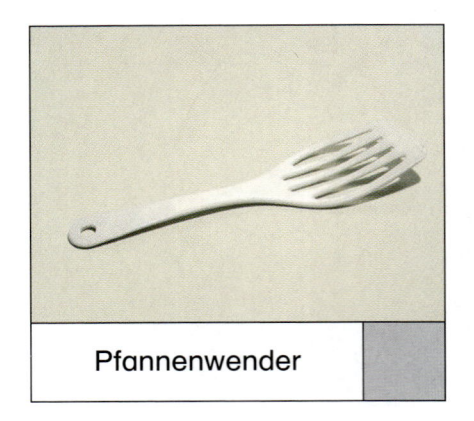

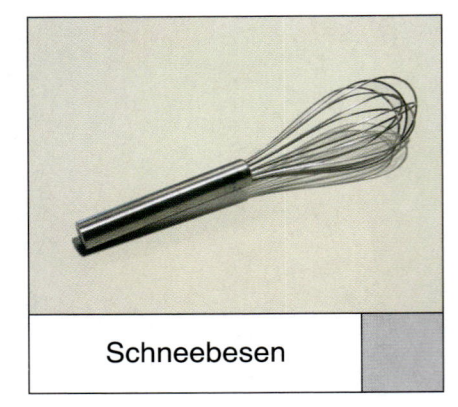

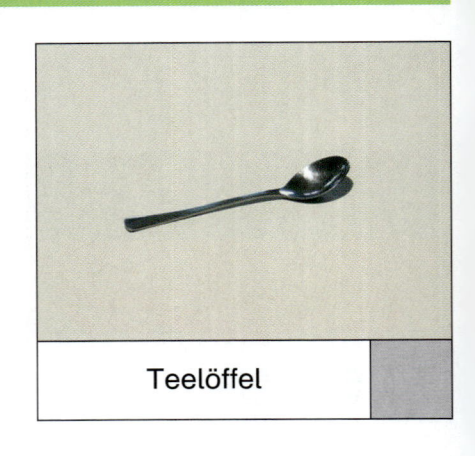

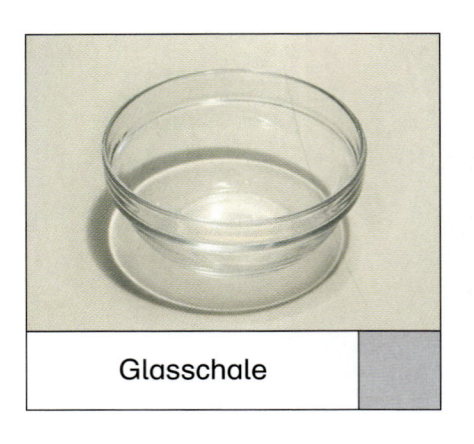

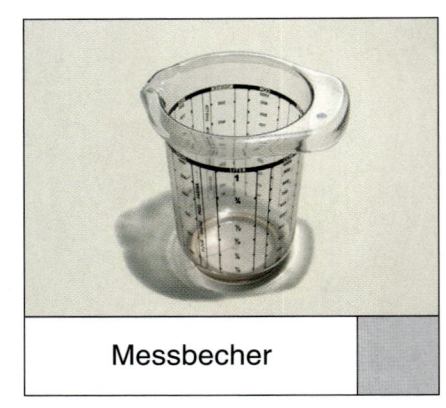

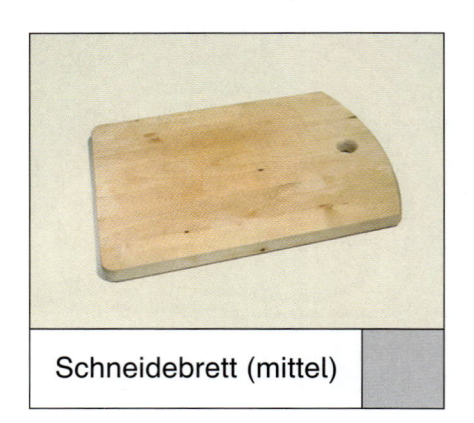

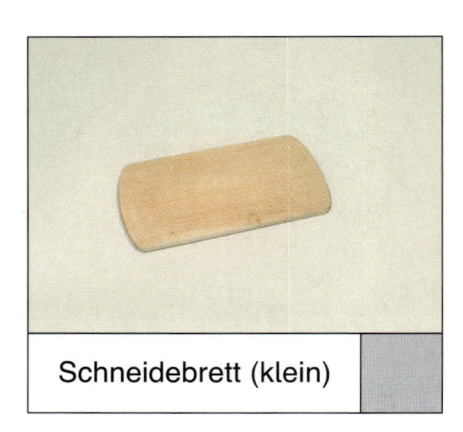

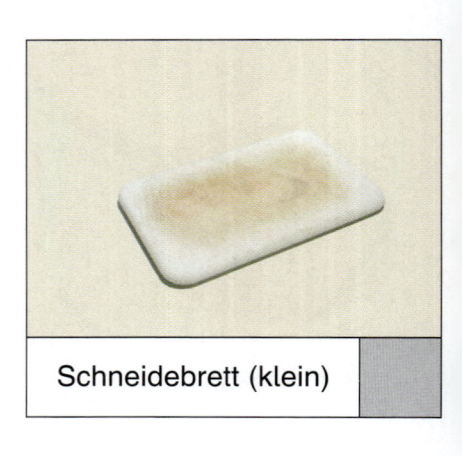

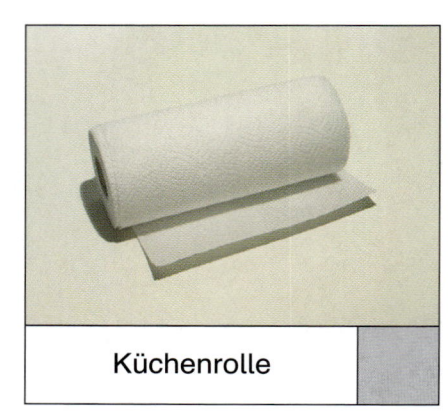

Pfannenwender	Schneebesen	Teelöffel
Glasschale	Messbecher	Schneidebrett (groß)
Schneidebrett (mittel)	Schneidebrett (klein)	Schneidebrett (klein)
Teller (flach)	Küchenrolle	

Russland: Boeuf Stroganoff

Zutaten

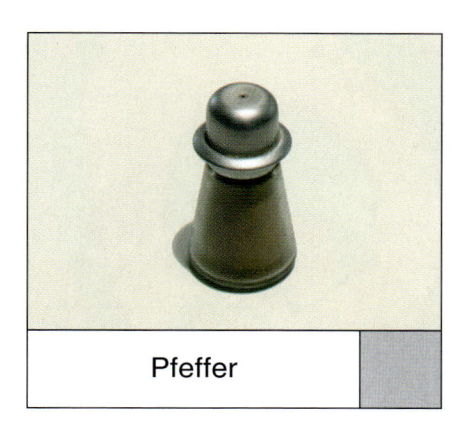

600 g Kartoffeln	200 g Pilze	2 Zwiebeln
150 g Saure Sahne	500 g Rindfleisch	Pfeffer
1 TL Salz	1 EL Mehl	1 EL Öl

H. Kühl / C. Gerstenberg: Rezepte aus aller Welt – kinderleicht zubereitet
© Persen Verlag GmbH, Buxtehude

Russland: Boeuf Stroganoff

Zubereitung

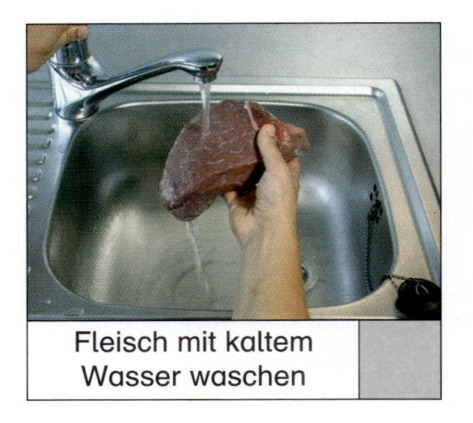

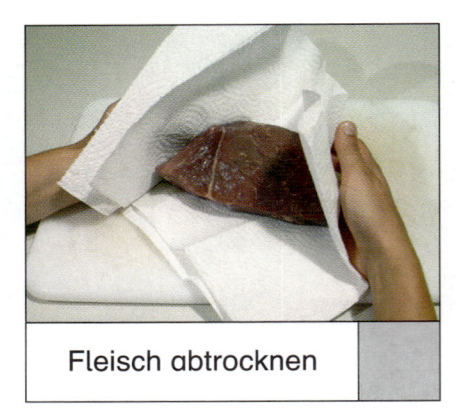

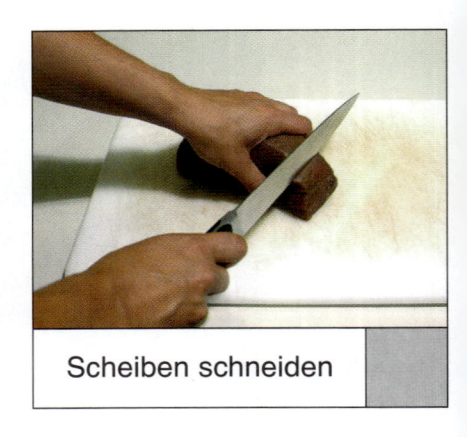

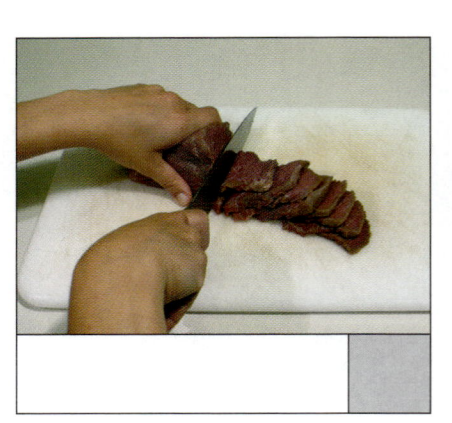

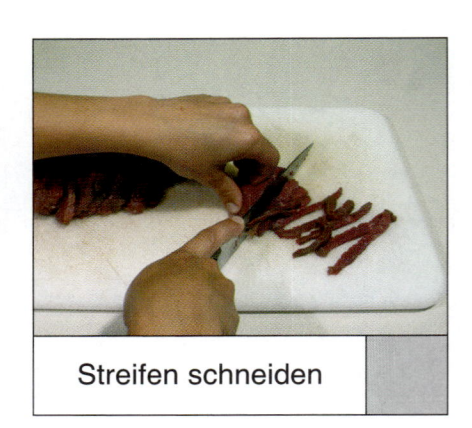

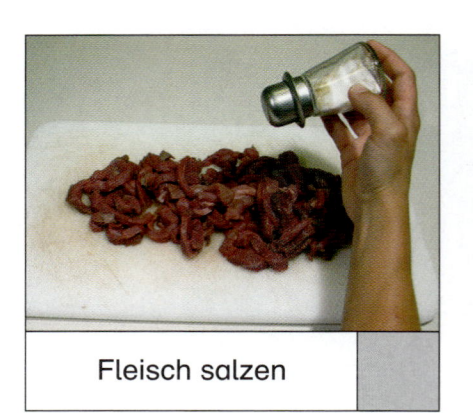

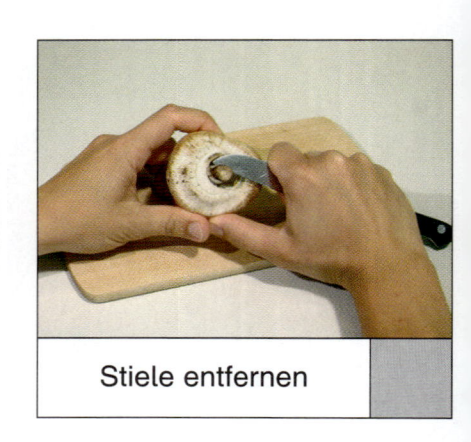

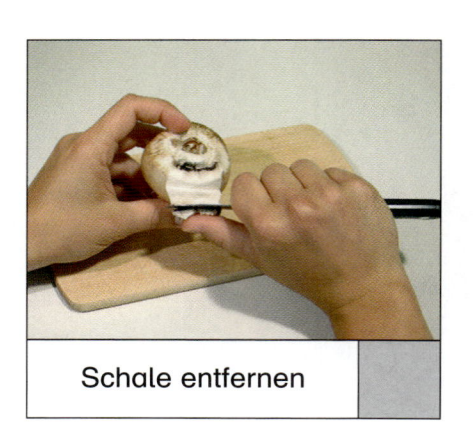

Fleisch mit kaltem Wasser waschen	Fleisch abtrocknen	Scheiben schneiden
	Streifen schneiden	
Fleisch salzen	Fleisch pfeffern	Stiele entfernen
Schale entfernen	Schale in den Müll werfen	Scheiben schneiden

94

H. Kühl / C. Gerstenberg: Rezepte aus aller Welt – kinderleicht zubereitet
© Persen Verlag GmbH, Buxtehude

Russland: Boeuf Stroganoff

Pilze bereitstellen	Zwiebeln schälen	
	Schale in den Müll werfen	Scheiben schneiden
	Zwiebeln bereitstellen	150 g Saure Sahne in eine Glasschale geben
1 EL Mehl dazugeben	Sahne und Mehl glattrühren	600 g Kartoffeln abwiegen

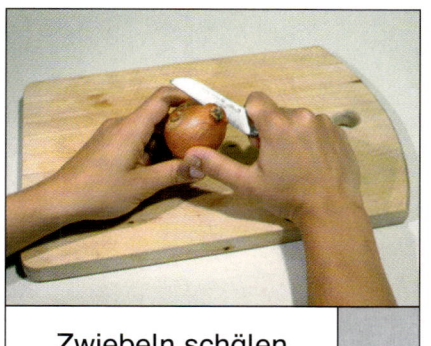

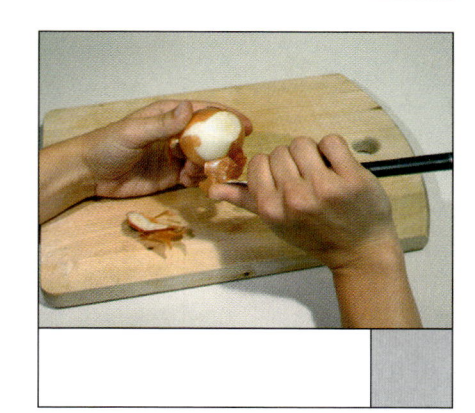

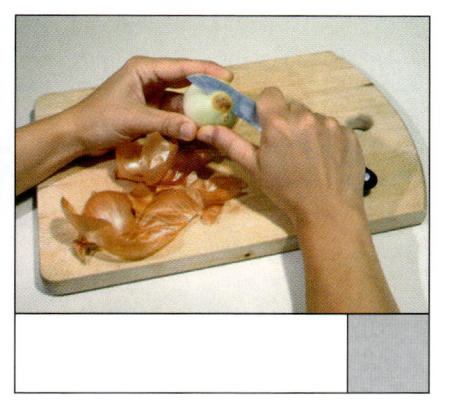

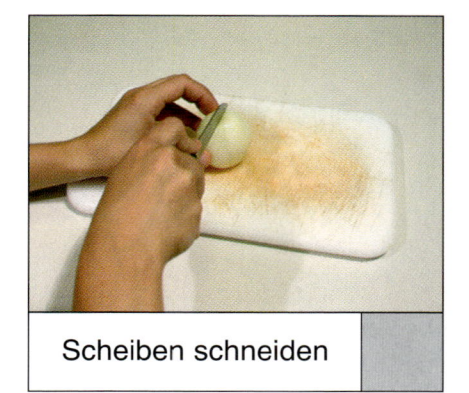

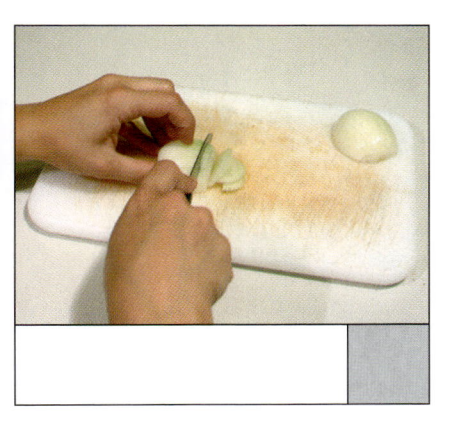

Russland: Boeuf Stroganoff

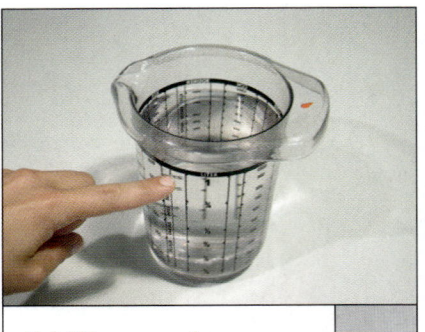

2 l Wasser abmessen	Wasser in den Topf gießen	Herd auf Stufe 3 stellen
Kartoffeln in das Wasser legen	Wasser zum Kochen bringen	20 Minuten auf Stufe 2 kochen lassen
1 EL Öl in die Pfanne geben	Öl auf Stufe 3 erhitzen	Fleisch anbraten
Fleisch braten, bis es braun wird	Zwiebeln 3 Minuten anbraten	Zwiebeln unterrühren

Russland: Boeuf Stroganoff

Pilze kurz anbraten	Pilze unterrühren	Herd auf Stufe 2 stellen
Sahne dazugeben	gut verrühren	Boeuf Stroganoff salzen
Boeuf Stroganoff pfeffern	gut verrühren	Herd ausschalten
Kartoffeln testen	Kartoffeln abgießen	Kartoffeln pellen

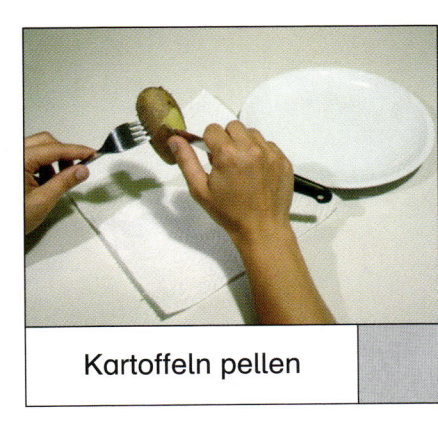

Russland: Boeuf Stroganoff

Schale in den Müll bringen

Boeuf Stroganoff auffüllen und servieren

Darauf achte ich das nächste Mal besonders:

Türkei: Börek

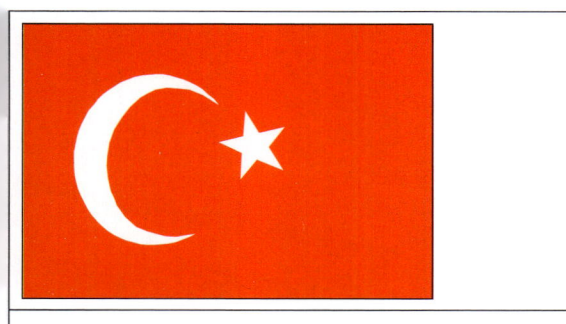

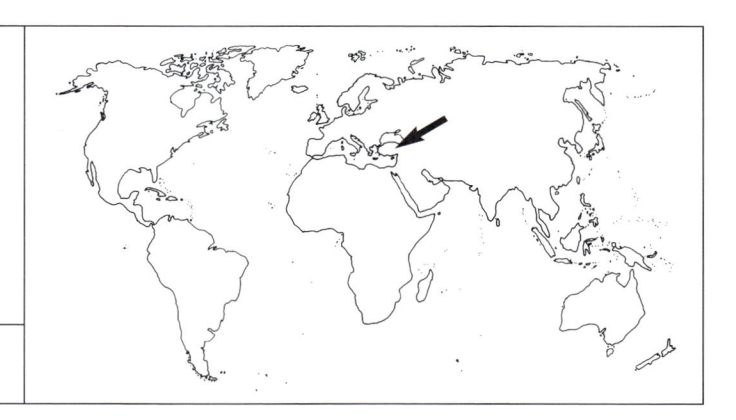

TÜRKEI

Börek

Küchengeräte

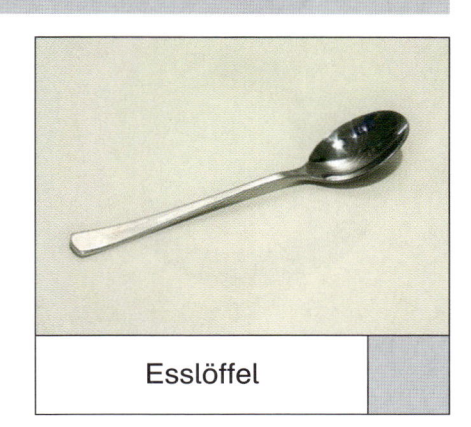

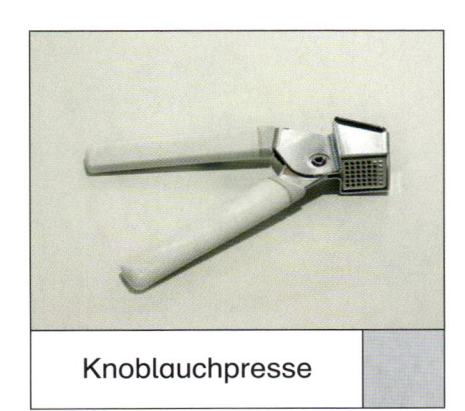

Backblech	2 x Topf (klein)	Esslöffel
Gabel	Knoblauchpresse	Küchenmesser

H. Kühl / C. Gerstenberg: Rezepte aus aller Welt – kinderleicht zubereitet
© Persen Verlag GmbH, Buxtehude

Türkei: Börek

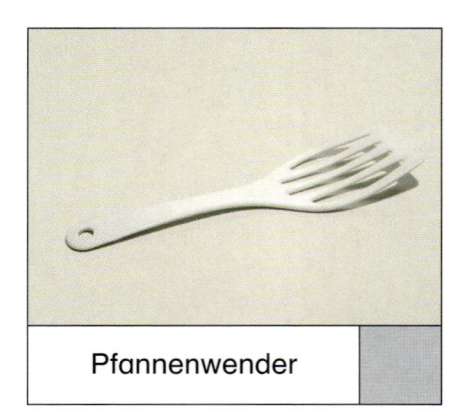

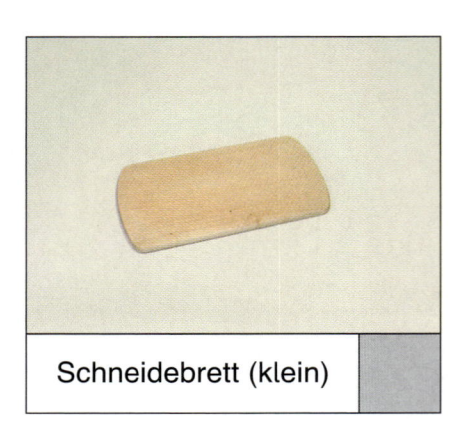

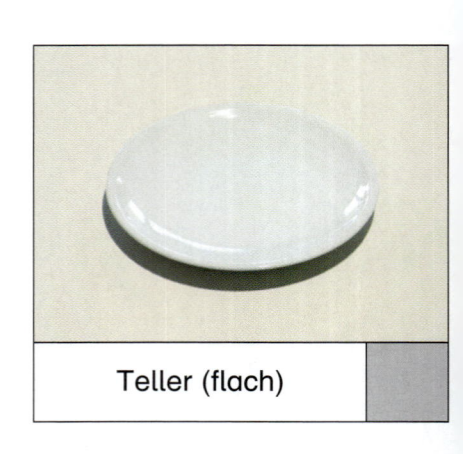

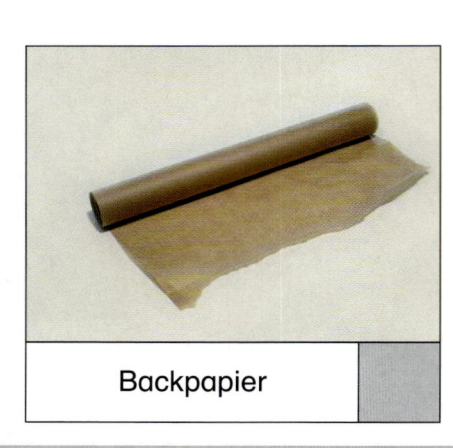

Pfannenwender	Glas	Schneidebrett (groß)
Schneidebrett (mittel)	Schneidebrett (klein)	Teller (flach)
Teller (tief)	Backpapier	

Zutaten

1 Zehe Knoblauch	500 g Blattspinat	1 Zwiebel

Türkei: Börek

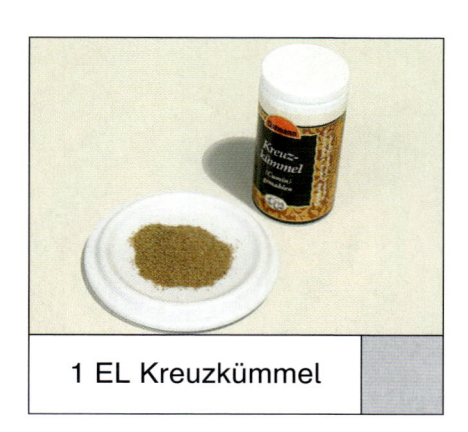

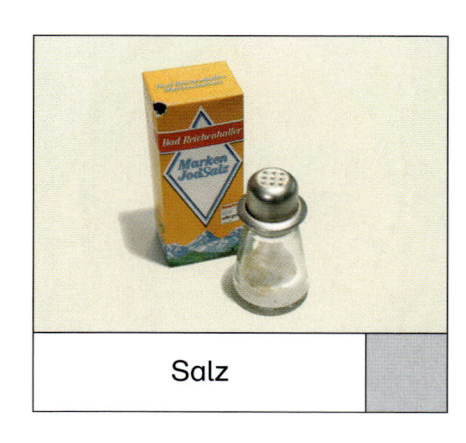

1 EL Butter	500 g Joghurt	2 EL Milch
200 g Schafskäse	1 EL Kreuzkümmel	Salz
1 Packung Börekteig	1 EL Öl	

Zubereitung

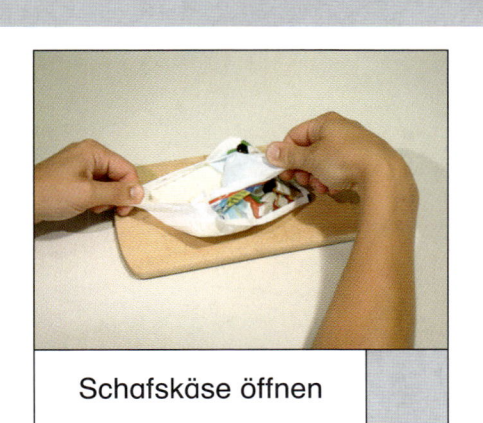

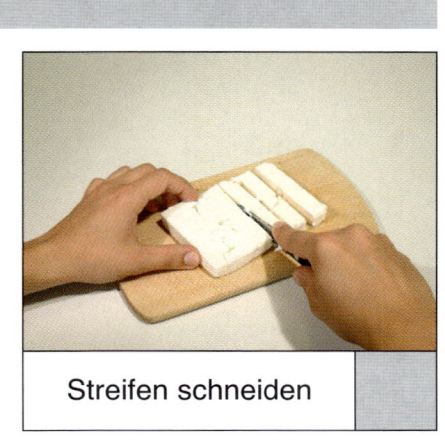

Spinat auftauen	Schafskäse öffnen	Streifen schneiden

Türkei: Börek

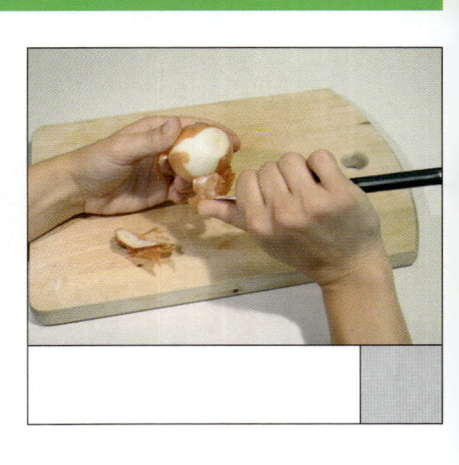

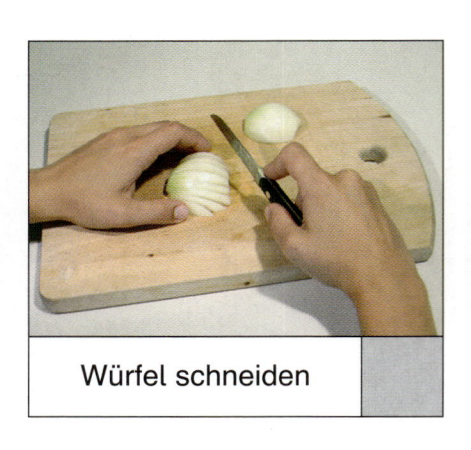

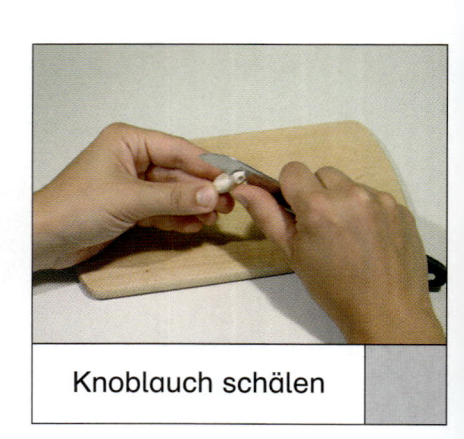

Würfel schneiden	Zwiebel schälen	
	Schale in den Müll werfen	Zwiebel halbieren
Streifen schneiden	Würfel schneiden	
Zwiebel bereitstellen	Zehe herauslösen	Knoblauch schälen

Türkei: Börek

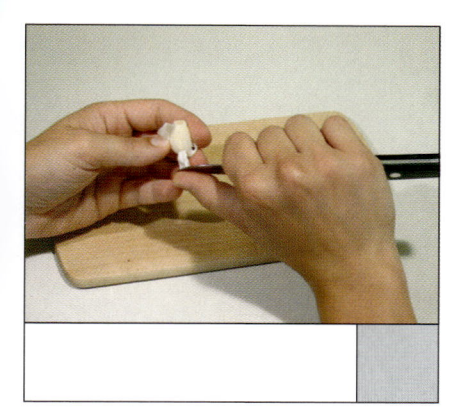

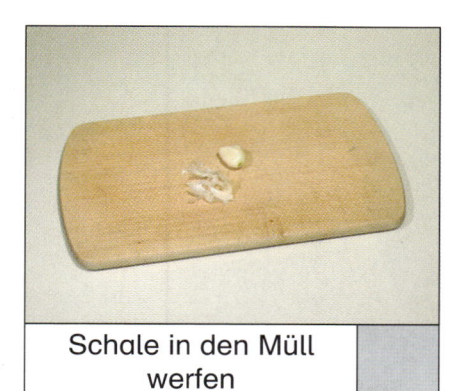

	Schale in den Müll werfen	1 EL Öl in den Topf geben
Öl auf Stufe 2 erhitzen	Zwiebeln glasig braten	
Knoblauch in den Topf pressen	Knoblauch von der Presse abschneiden	Spinat zugeben
Schafskäse zugeben	verrühren	Spinat salzen

H. Kühl / C. Gerstenberg: Rezepte aus aller Welt – kinderleicht zubereitet
© Persen Verlag GmbH, Buxtehude

Türkei: Börek

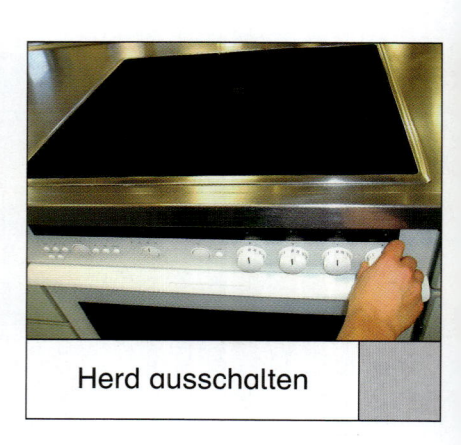

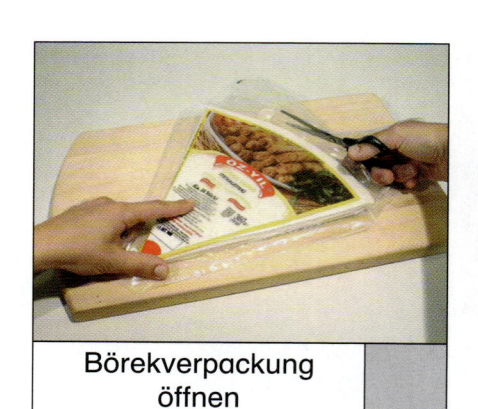

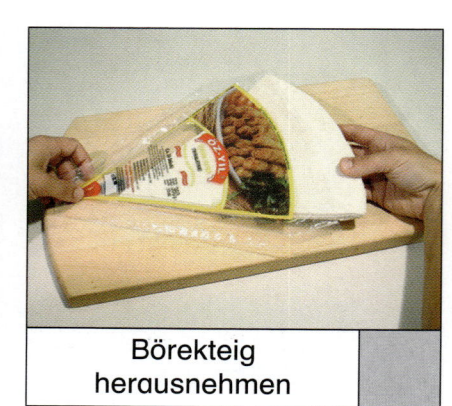

1 EL Kreuzkümmel zugeben	verrühren	Topf zur Seite stellen
neuen Topf auf die heiße Herdplatte stellen	1 EL Butter in den Topf geben	Butter schmelzen lassen
2 EL Milch zugeben	zu einer glatten Flüssigkeit verrühren	Herd ausschalten
Börekverpackung öffnen	Börekteig herausnehmen	1 Lage auf das Brett legen

Türkei: Börek

2–3 EL auf den Teig geben	Seiten einklappen	zur Spitze hin aufrollen
mit Butter-Milch-Mischung befestigen	Ofen auf 200°C Umluft einschalten	Backpapier auf das Blech legen
Börekrollen auf das Blech legen	Börekrollen bestreichen	Börek etwa 15 Minuten in den Ofen geben

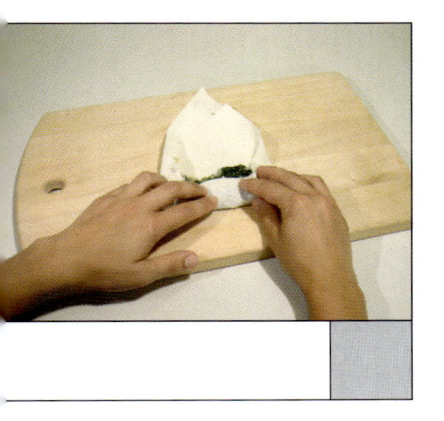

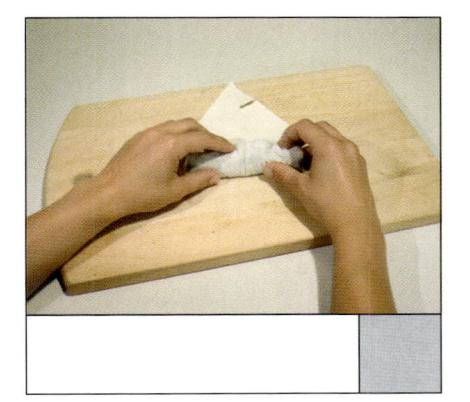

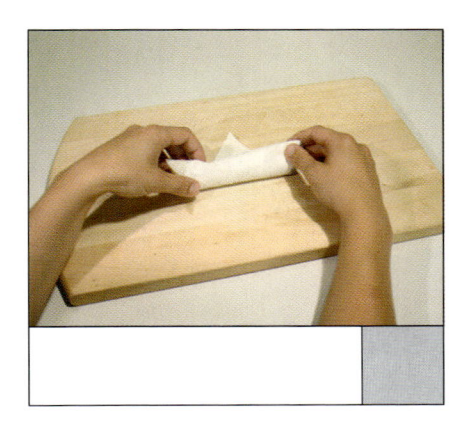

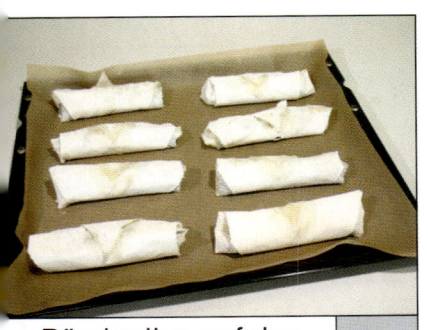

Türkei: Börek

Ofen ausschalten	 Börekrollen aus dem Ofen nehmen	 Blech auf ein Brett stellen
 Börek auf einen Teller legen	 Joghurt dazugeben	 Börek servieren

Darauf achte ich das nächste Mal besonders:

USA: Hamburger

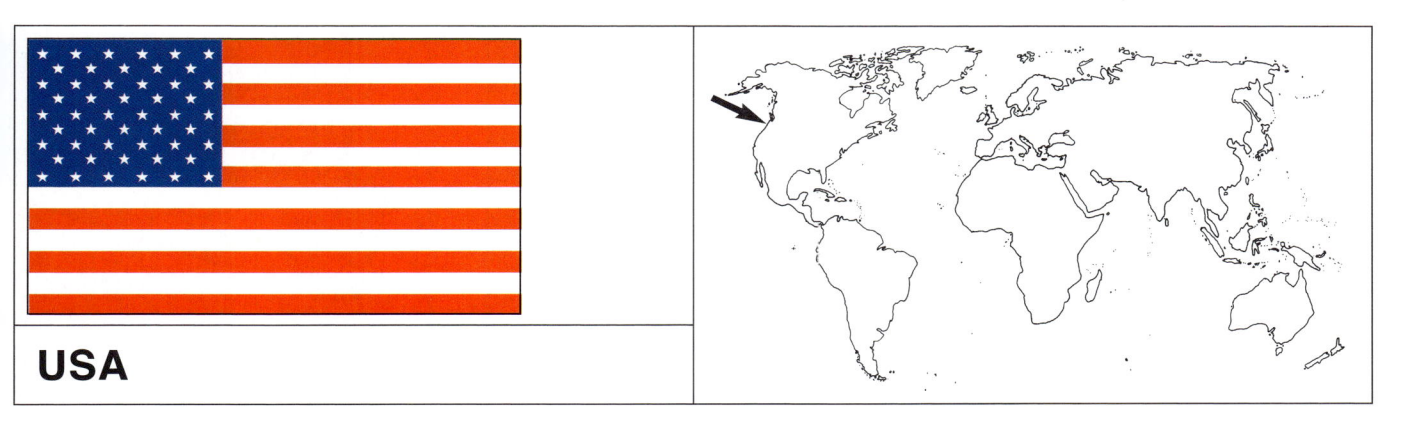

USA

Hamburger

Küchengeräte

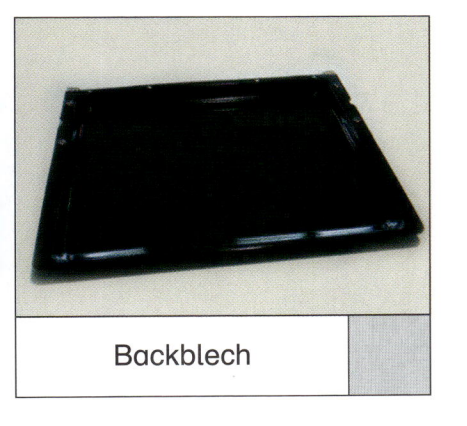

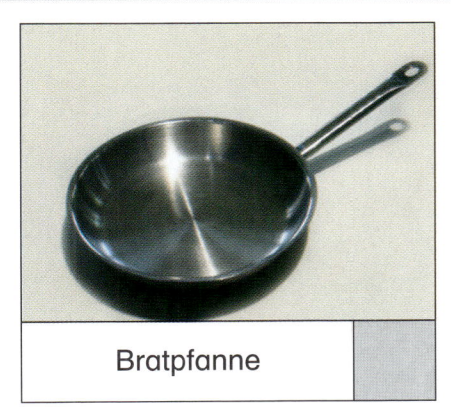

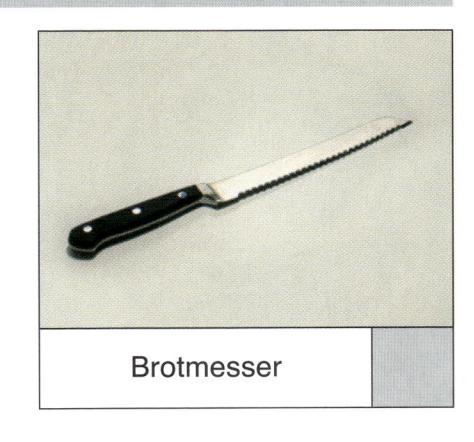

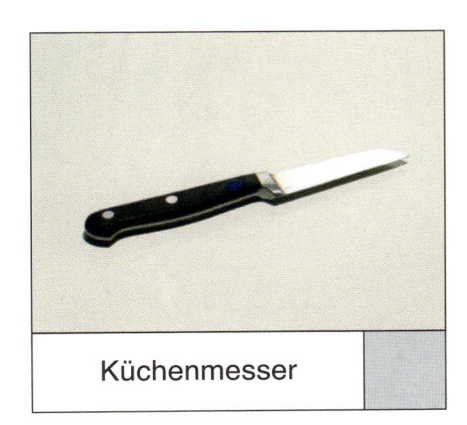

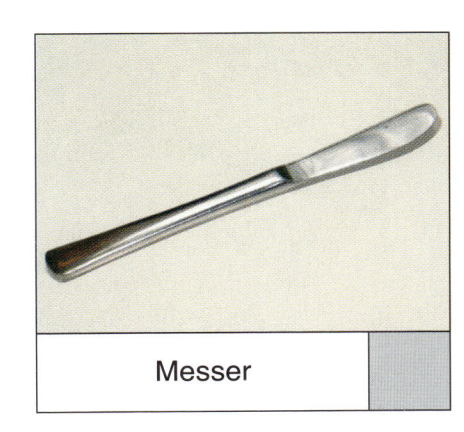

Backblech	Bratpfanne	Brotmesser
Gabel	Küchenmesser	Messer

H. Kühl / C. Gerstenberg: Rezepte aus aller Welt – kinderleicht zubereitet
© Persen Verlag GmbH, Buxtehude

USA: Hamburger

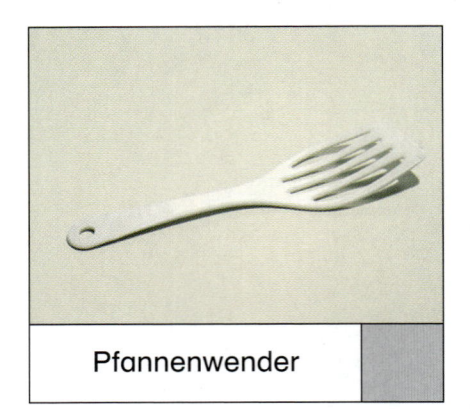

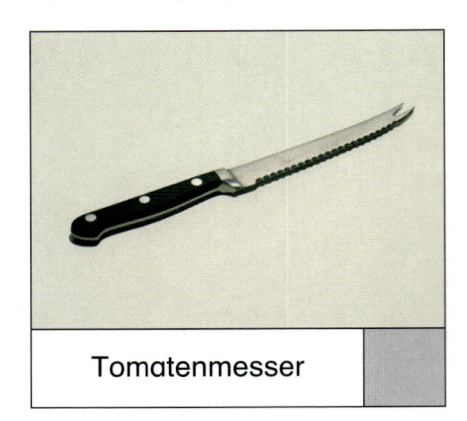

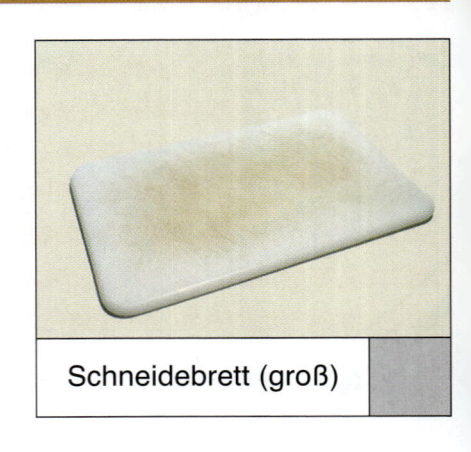

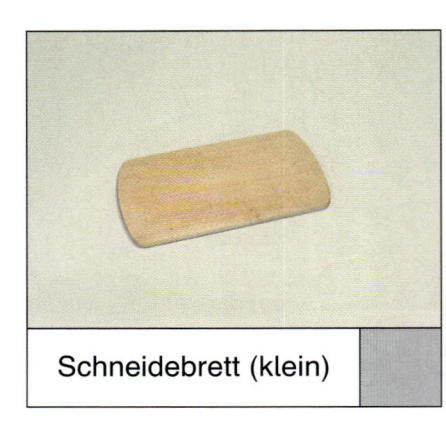

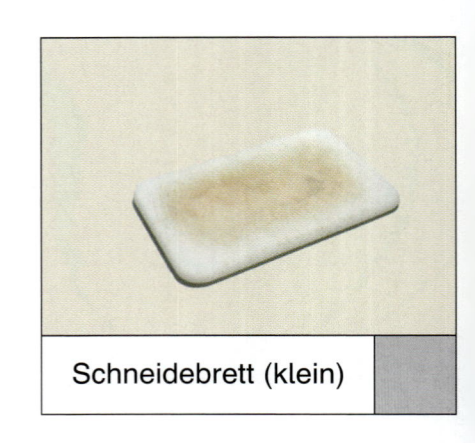

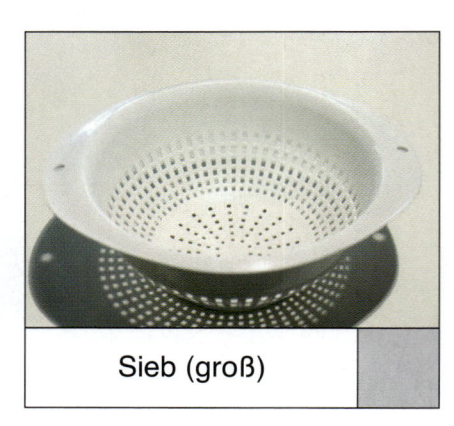

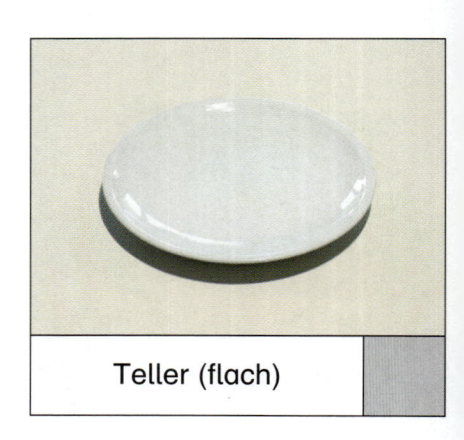

Pfannenwender	Tomatenmesser	Schneidebrett (groß)
Schneidebrett (mittel)	Schneidebrett (klein)	Schneidebrett (klein)
Schüssel (silber)	Sieb (groß)	Teller (flach)
Backpapier		

USA: Hamburger

Zutaten

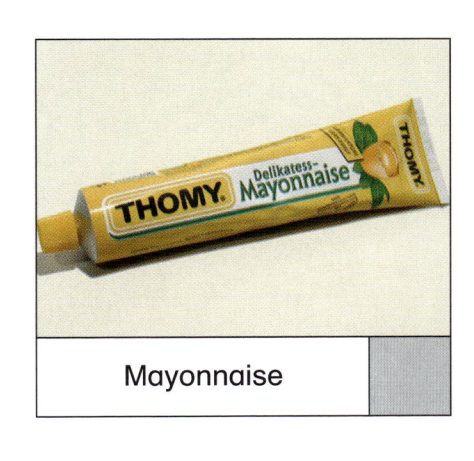

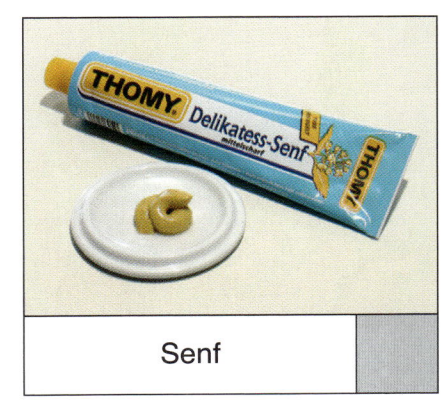

4 Salatblätter	Saure Gurken Scheiben	2 Tomaten
1 Zwiebel	4 Scheiben Sandwichkäse	4 Hamburger Brötchen
300 g Hackfleisch	Ketchup	Mayonnaise
Pfeffer	Salz	Senf

H. Kühl / C. Gerstenberg: Rezepte aus aller Welt – kinderleicht zubereitet
© Persen Verlag GmbH, Buxtehude

USA: Hamburger

1 Ei	2 EL Öl

Zubereitung

Salat kalt waschen	Salat abtropfen lassen	Tomate kalt waschen
Scheiben schneiden		Stielansatz in den Müll werfen
Zwiebel schälen		

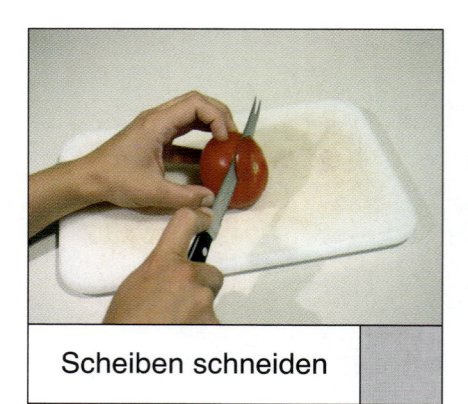

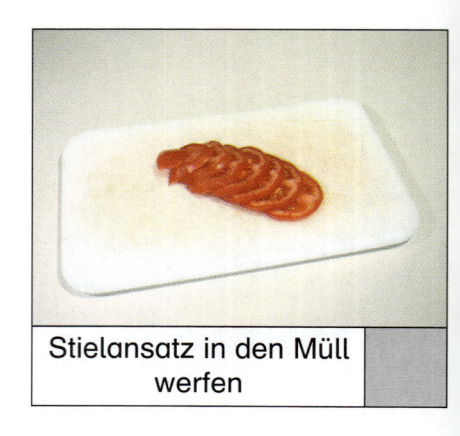

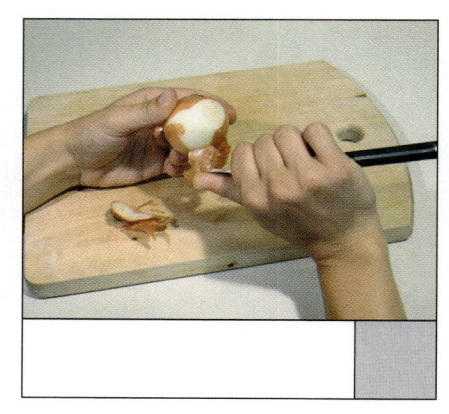

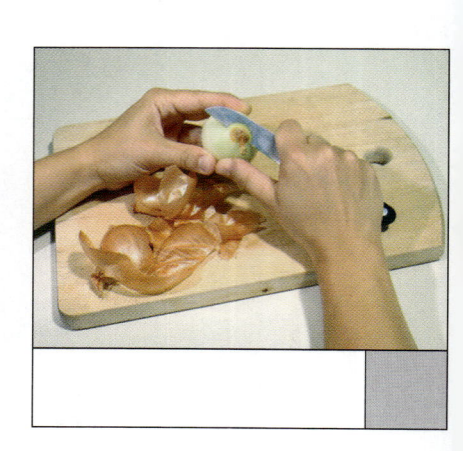

110

USA: Hamburger

Schale in den Müll werfen		Streifen schneiden
Würfel schneiden		Zwiebel bereitstellen
Zwiebel in eine Schüssel geben	Hackfleisch in die Schüssel geben	Ei aufschlagen
Ei öffnen	Ei in die Schüssel geben	Hackfleisch, Zwiebel und Ei vermengen

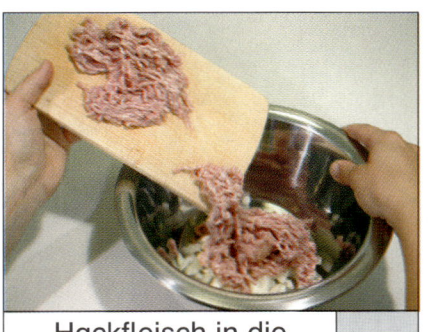

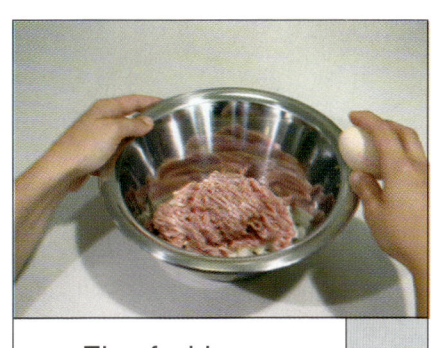

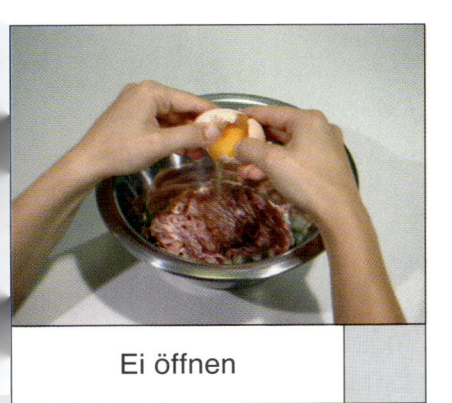

H. Kühl / C. Gerstenberg: Rezepte aus aller Welt – kinderleicht zubereitet
© Persen Verlag GmbH, Buxtehude

USA: Hamburger

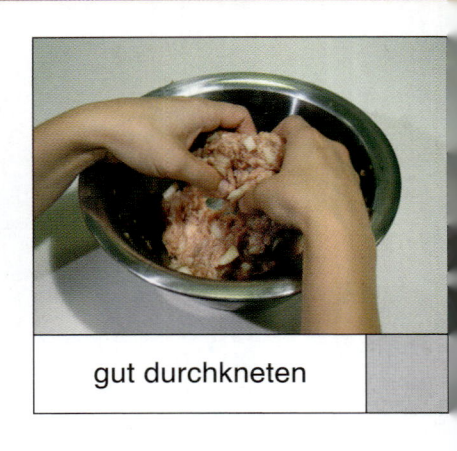

Hackfleisch kräftig salzen	Hackfleisch kräftig pfeffern	gut durchkneten
dünne Frikadellen formen	Frikadellen auf einen Teller legen	
1 EL Öl in die Pfanne geben	Öl auf Stufe 3 erhitzen	Frikadellen in das heiße Öl geben
Frikadellen ca. 5 Minuten braten	Frikadellen wenden	Frikadellen von beiden Seiten gut durchbraten

USA: Hamburger

Herd ausstellen	4 Brötchen aufschneiden	
Frikadelle auf eine Hälfte legen	Käse auf eine Hälfte legen	Herd auf 200°C Umluft stellen
Backpapier auf das Blech legen	Brötchenhälften auf das Blech legen	Brötchenhälften in den Backofen schieben
10 Minuten backen	Blech aus dem Backofen nehmen	Backofen ausschalten

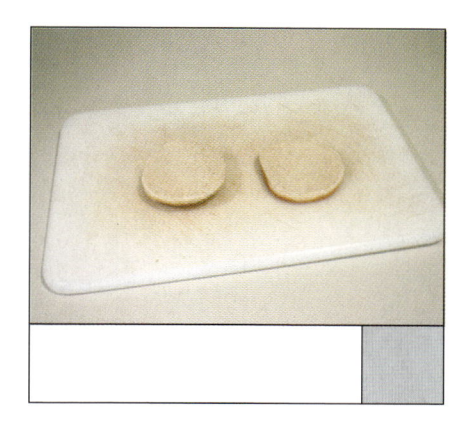

H. Kühl / C. Gerstenberg: Rezepte aus aller Welt – kinderleicht zubereitet
© Persen Verlag GmbH, Buxtehude

USA: Hamburger

Brötchenhälften auf ein Brett legen		Senf auf die Frikadelle geben
Ketchup auf den Sabdwichkäse geben	Mayonnaise auf die Frikadelle geben	verstreichen
1 Salatblatt auf den Käse legen	1 Tomatenscheibe auf die Frikadelle legen	2 Gurkenscheiben auf die Tomate legen
Hamburger zusammenklappen	Hamburger servieren	

114

H. Kühl / C. Gerstenberg: Rezepte aus aller Welt – kinderleicht zubereitet
© Persen Verlag GmbH, Buxtehude

Literatur

Bruner, J. S., Olver, R. R. & Greenfield, P. M. (1971) Studien zur kognitiven Entwicklung (Original erschienen 1966: Studies in cognitive growth)

Probst, H. (1979) Strukturbezogene Diagnostik. In: Probst, H. (Ed.), Kritische Behindertenpädagogik in Theorie und Praxis (pp. 113–135). Oberbiel: Jarick

Berchtoldt, R. Hauswirtschaft – Ein vielseitiges Fach, Lehr- und Arbeitsmappe

Ministerium für Bildung, Wissenschaft, Forschung und Kultur des Landes Schleswig-Holstein (Hrsg. 2002) Lehrplan Sonderschulen, Grundschule, weiterführende allgemeinbildende Schulen und berufsbildende Schulen Sonderpädagogische Förderung

Ministerium für Bildung, Wissenschaft, Forschung und Kultur des Landes Schleswig-Holstein (Hrsg. 1997) Lehrplan für die Sekundarstufe I der weiterführenden allgemeinbildenden Schulen Hauptschule, Realschule, Gesamtschule Grundlagen

Ministerium für Bildung, Wissenschaft, Forschung und Kultur des Landes Schleswig-Holstein (Hrsg. 1997) Lehrplan für die Sekundarstufe I der weiterführenden allgemeinbildenden Schulen Hauptschule, Realschule, Gesamtschule Haushaltslehre

Tolle Rezepte für die Schulküche!

Karin Palser

Rezepte zur Vollwertkost

57 Kopiervorlagen, DIN A4

Best.-Nr. **2082**

Bereichern Sie Ihre Schulküche durch Gaumenfreuden aus verschiedenen Ländern und Kontinenten, bringen Sie Ihren Schülern und Schülerinnen eine gesunde Ernährung nahe und beweisen Sie ihnen, dass auch Vollwertkost und vegetarische Gerichte lecker schmecken können!

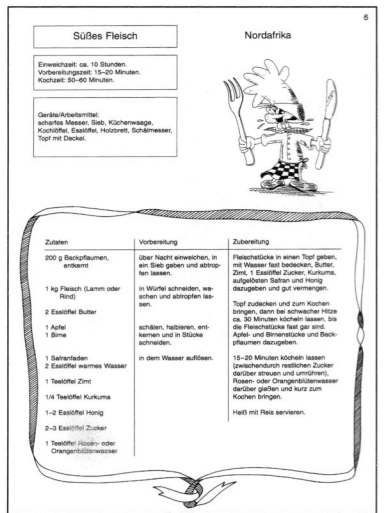

Nader Asfahani

Rezepte aus drei Kontinenten: Afrika, Amerika, Asien

50 Kopiervorlagen, DIN A4

Best.-Nr. **2268**

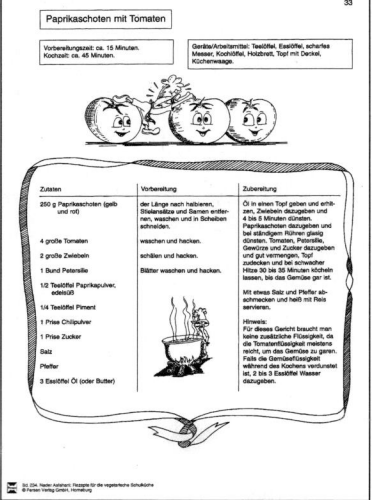

Nader Asfahani

Rezepte für die vegetarische Schulküche

50 Kopiervorlagen, DIN A4

Best.-Nr. **2267**

Doris Thoma-Heizmann/Friedrich Strobel

Einfaches Kochen nach Fotos

120 Seiten, DIN A4, Spiralbindung, farbig
mit Rezepten und Bildern auf CD-ROM

Best.-Nr. **3890**

Alltagsrezepte in kleinen Schritten! Ob Gurkensalat oder Fertig-Pizza, Frikadelle oder Pudding: Jedes der 44 Rezepte wird **kleinschrittig** von der Vorbereitung bis zum Servieren beschrieben. Der große Vorteil für Schüler/-innen, die nicht so sicher lesen: Jeder Schritt wird **zusätzlich auf Fotos** veranschaulicht. So gelingt der Kochunterricht auch in der Schule für geistig behinderte Schüler. Zudem finden Lehrkräfte neben den Rezepten **weitere Angebote** rund ums Wiegen und Messen, aber auch zum Spülen des Geschirrs.
Alle Rezepte und Abbildungen stehen zusätzlich auf der **Begleit-CD-ROM** zur Verfügung, sodass sie einfach ausgedruckt und flexibel als Arbeitsblätter, OHP-Folien oder vergrößert als Plakat eingesetzt werden können. So haben alle Schülerinnen und Schüler ihre Arbeitsaufträge direkt zur Hand.

Bergedorfer® Aktuelle und praxisnahe Kopiervorlagen und Unterrichtsideen

---

Bestellcoupon

Ja, bitte senden Sie mir/uns mit Rechnung

___ Expl. _____ Best.-Nr. _____

___ Expl. _____ Best.-Nr. _____

___ Expl. _____ Best.-Nr. _____

___ Expl. _____ Best.-Nr. _____

☐ Ja, bitte schicken Sie mir kostenlos Ihren aktuellen Gesamtkatalog zu.

Bitte kopieren und einsenden an:

**Persen Verlag GmbH
Postfach 1656
D-21606 Buxtehude**

Meine Anschrift lautet:

Name/Vorname

Straße

PLZ/Ort

Datum/Unterschrift

E-Mail

Bestellen Sie bequem direkt bei uns!
Tel.: 0 41 61 / 7 49 60-40
Fax: 0 41 61 / 7 49 60-50
E-Mail: info@persen.de